智慧人生丛书

小故事中的
处世智慧

领悟人生智慧
拥有快乐人生

Zhihui Rensheng Congshu

Xiaogushi Zhongde Chushi Zhihui

本书编写组◎编

世界图书出版公司
广州·北京·上海·西安
WPC

图书在版编目（CIP）数据

小故事中的处世智慧/《小故事中的处世智慧》编写
组编 . —广州：广东世界图书出版公司，2009. 11 （2024.2 重印）
ISBN 978 - 7 -5100 - 1215 - 0

Ⅰ. 小… Ⅱ. 小… Ⅲ. 人间交往 - 青少年读物 Ⅳ.
C912. 1 - 49

中国版本图书馆 CIP 数据核字（2009）第 204897 号

书　　　名	小故事中的处世智慧
	XIAOGUSHI ZHONG DE CHUSHI ZHIHUI
编　　　者	《小故事中的处世智慧》编写组
责任编辑	康琬娟
装帧设计	三棵树设计工作组
出版发行	世界图书出版有限公司　世界图书出版广东有限公司
地　　　址	广州市海珠区新港西路大江冲 25 号
邮　　　编	510300
电　　　话	020-84452179
网　　　址	http://www.gdst.com.cn
邮　　　箱	wpc_gdst@163.com
经　　　销	新华书店
印　　　刷	唐山富达印务有限公司
开　　　本	787mm×1092mm　1/16
印　　　张	10
字　　　数	120 千字
版　　　次	2009 年 11 月第 1 版　2024 年 2 月第 10 次印刷
国际书号	ISBN　978-7-5100-1215-0
定　　　价	48.00 元

承袭故事与寓言中的智慧衣钵

许多年以前，美国重量级拳王吉姆在例行训练途中看见一个渔夫正将鱼一条条地往上拉，但吉姆注意到，那渔夫总是将大鱼放回去，只留下小鱼。吉姆就好奇地问那个渔夫其中的原因。渔夫答道："老天，我真不愿意这样做，但我实在别无选择，因为我只有一口小锅。"

亲爱的读者，你有没有想到，这个故事也许是在讲你呢！如果你不相信自己，就只能画地为牢，将无限的潜能化为有限的成就。不管你是否留意过，小故事、小寓言总是这样让我们有所感悟，并悄悄地改变我们的态度和想法，改变我们的行为，甚至改变我们的人生。充满智慧的故事与寓言永远是我们人生的引领者。

古人懂得将智慧的灵光埋藏在故事里，他们用简短而动人的故事和寓言抓住人心，让读者自己去发掘其中的金矿，领悟人生的智慧。这种形式流传千年，今天，

我们仍可以从《伊索寓言》中看见智慧的闪光，拉封丹智慧的声音也依然萦绕耳边。在这些不断被发现、创新的宝藏中，我们的精神得到了滋养，我们的心灵得到了净化。哲学家、思想家及诗人长久以来都视智慧为人类生存的工具，智慧的含义不但包括了我们今日所说的审慎，而且还意味着对自我与世界成熟、理智的认知能力。

通过阅读一篇隽永的故事或寓言，能够使读者有所感悟，锻炼一种生存能力，是我们编辑本书的主旨。本书中的每一则小故事都发人自省、启人深思。不但有助于我们处理日常生活中偶发的困难情况，而且许多故事和寓言具有的伟大的智慧理念，将帮助我们进一步了解自我及人类的本质，由此领悟更多的人生哲理。许多故事已经过数百年的世代传承，历经时间的锤炼也沉淀了时代的智慧。在每一则故事或寓言中，我们附以精彩的格言，这些都是最贴切的提示，有画龙点睛之妙。本书部分的解读至情至理、丝丝入扣，是对故事或寓言的完美诠释。

本书不但可以作为父母教育孩子的蓝本，使孩子在开始他们的人生之前，就能够了解随之而来的欢喜、挑战与责任，而且更适合每一个成年人阅读，成年人可以在重复阅读这些故事时提醒自己并纠正自身行为的偏差。我们真诚地希望这套书能给大家带去欢乐与启迪，希望这些美妙的故事能帮助每一个阅读本书的人了解智慧对生命的价值，获取前行的动力并因此感到满足。

让我们走进书中的世界，去寻找智慧的金块吧！我们始终铭记着：用智慧武装的人生，才是胜利者的人生！

编　者

智慧人生丛书
ZHIHUIRENSHENGCONGSHU

目 录

活在当下

> 过去与未来并不是"存在"的东西，而是"存在过"和"可能存在"的东西。唯一"存在"的是现在。
>
> —— [古希腊] 库里希坡斯

一天早餐后，有人请佛陀拨空指点。佛陀邀他进入内室，耐心聆听此人滔滔不绝地谈论自己存疑的各种课题达数分钟之久，最后，佛陀举手，此人立即住口，想要知道佛陀要指点他什么。

"你吃了早餐吗?"佛陀问道。

这人点点头。

"你洗了早餐的碗吗?"佛陀再问。

这人又点点头，接着张口欲言。

佛陀在这人说话之前说道："你有没有把碗晾干?"

"有的，有的，"此人不耐烦地回答，"现在你可以为我解惑了吗?"

"你已经有了答案。"佛陀回答，接着把他请出了门。

几天之后，这人终于明白了佛陀点拨的道理。佛陀是提醒他要把重点放在眼前——必须全神贯注于当下，因为这才是真正的要点。

活在当下是一种全身心地投入人生的生活方式。当你活在当下，而没有过去拖在你后面，也没有未来拉着你往前时，你全部的能量都集中在这一时刻，生命因此具有一种强烈的张力。这就是使生活丰富的唯一方式。除此之外的人们都是贫穷的。他们也许拥有世界上所有的钱，但他们是穷人。世界上有两种穷人——富有的穷人和没有钱的穷人。充实的感觉和对物质财富拥有的多少关系不大，它往往和你生活的方式、生活的品质，生命的喜乐、生命的诗性有关。而所有这些东西只有通过静心才可能感受到其中的深意。

"当下"给你一个深深地潜入生命水中，或是高高地飞进生命天空的机会。

但是在两边都有危险——"过去"和"未来"是人类语言里最危险的两个词。生活在过去和未来之间的"当下"几乎就好像走在一条绳索上，在它的两边都有危险。

但是一旦你尝到了"当下"这个片刻的甜蜜，你就不会去顾虑那些危险；一旦你跟生命保持在同一步调，其他的就无关紧要了。

对我而言，生命就是一切。

人生的秘诀

立下原则，不后悔，也不回顾。后悔只是白白浪费精力，于事无补，只会让你沉溺于其中。

——［英国］曼斯斐德

30年前，一个年轻人离开故乡，开始开创自己的前途。他动身的第一站，是去拜访本族的族长，请求指点。

老族长正在临帖练字，他听说本族有位后辈开始踏上人生的旅途，就随手写了3个字：不要怕。然后抬起头来，望着年轻人说：

"孩子，人生的秘诀只有6个字，今天先告诉你3个字，供你半生受用。"

30年后，这个当年的年轻人已是人到中年，有了一些成就，也添了很多伤心事。归程漫漫，回到家乡，他又去拜访那位族长。

他到了族长家里，才知道老人几年前已经去世，家人取出一个密封的信封对他说：

"这是老先生生前留给你的，他说有一天你会再来。"

还乡的游子这才想起来，30年前他在这里听到人生的一半秘密。而人生的另一半秘密是什么呢？他拆开信封，里面赫然又是3个大字：不要悔。

人生在世，中年以前不要怕，中年以后不要悔，这是经验的提炼，智慧的浓缩。

生命充满活力，就像一汪活水，水流永远变幻不定。若你总是尽心尽力地生活，就不会畏惧这趟旅程，自能顺流而下，随遇而安。在风平浪静之处，你也安稳平和；在水流湍急之处，你也奋起振作；随着水道前行，你随之迂回曲折。生命之河有任何变化，你顺流而下的方式亦有不同。

但你若是紧握着过去不放——期待重温儿时无忧无虑的旧梦，或是执著于已逝的荣耀显赫，那么你就不可能随波而下，只能眼看着流水平白由你眼前流逝，或是徒然逆流挣扎。你对从前的期盼阻碍了你无法继续当今顺流而下的旅程。

你是否抗拒顺着生命之流而下的乐趣？抑或你在兴奋期待生命之流带你浏览风光？

俗谚说："流水不腐。"随波而下，你也将因此而前行，否则就成为一潭死水。

人生就是活力之流，每一天，你都可以让强大的活力之流带领你前行。由现在开始，采取行动，让你的心、身和灵都动起来，做一点新的事，和以往不同的，兴奋刺激的，充满挑战性的。顺着生命之河而下。

驼背的王子

> 全心贯注在你所期望的事物上，必如所期。
>
> —— [美国] 爱默生

有一位王子，长得十分英俊，但却是一个驼子，这个缺陷使他非常的自卑。

有一天，国王请了全国最好的雕刻家，刻了一座王子的雕像。

雕刻家刻出的雕像没有驼背，背是直挺挺的。国王将此雕像竖立于王子的宫前。

当王子在宫门前看到这座雕像时，他心中产生一种震撼。

几个月之后，百姓们说："王子的驼背不像以往那么严重了。"当王子听到这些话时，他内心受到了鼓舞。

有一天，奇迹出现了，当王子站立时，背是直挺挺的，与雕像一样。

智慧 隽语

观照自己的内心，为自己树立一些伟大的目标，并时时加以留意，有一天你将看到自己内心所期望的成果。

油漆匠

> 毕竟你的生活并非全数由生命所发生的事所决定，而是由你自己面对生命的态度与心灵看待事情的态度来决定。
>
> ——[法国] 米 勒

有位太太请了位油漆匠到家里粉刷墙壁。油漆匠一走进门，看到她的丈夫双目失明，顿时流露出怜悯的目光。

可是男主人一向开朗乐观，所以油漆匠在那里工作几天，他们谈得很投机；油漆匠也从未提起男主人的缺憾。

工作完毕，油漆匠取出账单，那位太太发现比谈妥的价钱打了一个很大的折扣。

她问油漆匠："怎么少算这么多?"

油漆匠回答说："我跟你先生在一起觉得很快乐，他对人生的态度，使我觉得自己的境况还不算最坏。

所以减去的那一部分，算是我对他表示一点谢意，因为他使我不会把工作看得太苦!"

油漆匠对她丈夫的推崇，使她流下眼泪，因为这位慷慨的油漆匠，自己只有一只手。

智慧
寄语

　　态度就像磁铁，不论我们的思想是正面抑或是负面的，我们都受到它的牵引。而思想就像轮子一般，使我们朝一个特定的方向前进。

　　虽然我们无法改变人生，但我们可以改变人生观；虽然我们无法改变环境，但我们可以改变心境；我们无法调整环境来完全适应自己的生活，但我们可以调整态度来适应一切的环境。

 渡

要彻底的生活，不论外在或内在，不为内在生命的缘故而忽略外在的现实，那真是艰巨的任务。

—— [美国] 希尔森

悠悠过河的小船上是两个衣衫褴褛的人。

"你懂哲学吗?"

"不懂。"

"那你人生的意义少掉1/10了，哲学能加深你的思想。你懂音乐吧?"

"我常听不懂你们的歌。"

"那你人生的意义又少掉1/10了，音乐能丰富你的感情。文学呢?"

"我不识字。"

"那你人生的意义又少掉1/10了，文学可以扩展你的境界。你总看得懂画吧?"

"不一定懂。"

"唉，你人生的意义差不多只剩一半了。我们都需要真善美，并利用文化提高生活品质。"

"生活! 人生下来以后就想活下去，只有活着才能讲究深入、丰富、

扩展与提高啊！喂，问了一大堆，你是干吗的？"

"我是艺术家。"

忽然一阵大风吹来几堆大浪，搅乱了漩涡，摇撼着小船。颠簸欲翻的船上，镇静的船夫问慌张的艺术家：

"你会游泳吗？"

"不会。"

船翻，船夫没捞那些掉落在水里的艺术品，他勇敢地把艺术家活着带到对岸后，频频喘气。

"下次回来我一定画你的船。"艺术家说。

船夫仍喘着气，没说什么。艺术家说完后继续走自己的路，却忘记了船夫的死活。一路上他为艺术而艺术，画画画，画了没人看没人买，也画。不画憔悴的自己，就画外在的东西。画画画，一直画到有人买。别人买了虽然不一定欣赏，但总算肯花钱了。艺术家终于画出了名，有了钱就想回家，要回家又得过河。

小船上，衣着漂亮的艺术家端详着衣衫褴褛的船夫。船夫使劲撑着船，身体虽健壮，却掩饰不了岁月刻下的沧桑。

"你是从前的那个船夫吧？"艺术家问道。

"不，我是他的儿子。"船夫回答。

"你父亲呢？"

"死了。"

"为什么？"

"问题不是为什么，而是为谁！"

"为谁呢？"

"为了一个艺术家，他拼命游。艺术家仍活着，我老爸却死了很久了。"

"那艺术家是谁？"

"不知道。听说他爱画有意义的漩涡，却不会游泳。喂，问了一大堆，你到底是干吗的?"

"我是艺术家。没想到为了一个艺术家，你父亲竟牺牲生命。我认得你父亲，当时我觉得他只知道撑船却不求生命的意义。撑船清苦，为什么你也做船夫?"

"问题不是为什么，而是为谁! 回答只因我愿意。大家不造桥，若无船夫，就不能过河了，而没人愿意老在同一条河上带不同的人渡来渡去。"

"为什么你不做别的事?"

"问题不是为什么，而是为谁! 我原是泥水匠，我想我没有能力造桥，不如撑船帮人过河，过河后别人有更长的路要赶，有更有益的事要做。何况我知道哪里危险，像你这种来观光的人很多，有的只顾欣赏风景，把河浪当花朵，硬说像草原一样雅致，疏忽隔离两岸贫困的河，以致掉进水里去了。"

"我可不是来观光的，我过河要回家，而且我答应为你父亲画船。"

"船画得再美也不能带你过河，画人和漩涡争游吧!"

"但我只画静物，从不画自己不懂的。"

"静物你就都懂吗? 船，你不一定懂，却也坐在上头。"

船夫又默撑着船，艺术家又坐在船头，默看船夫吃力地载他横过漩涡。漩涡在他的脑海里翻滚，他抱住浪，船夫抱住他挣扎着要排开浪。那挣扎的船夫，也许是这船夫的父亲，也许是这船夫，他们服务于渡河之人的生活自有其伟大意义，而他却放逐自己在外追求意义，大发议论，只能静静画着远离漩涡的岸。

上岸后艺术家往故乡走去，说回家后要画故乡的动静。船夫又赶着载人撑船，没说什么。

艺术虽然高于现实，但终究不能脱离现实，完全脱离现实的艺术往往会走入故弄玄虚的误区而最终衰落。同样，生活中有些人总是好高骛远，追求那些不切实际的东西，不屑于现实的世界。世界上不只是需要那些艺术家，也需要一个踏实的船夫，默默地去做那些有益于他人的事情。船夫也有自己的生命意义，他并不因为自己不懂哲学、音乐、文学而失去自己存在的价值。在现实中，有一点儿追求，有一点儿艺术精神；在艺术世界中，立足平凡的人生，这才是最为理想的人生境界。

适者生存

> 一个人越是拥有开放的心态，他就越能够以现实的态度去对待周围的人，正视他的新环境，处理他所面临的新问题。他可以接受对立的证据，而不封闭现实。
>
> —— [美国] 罗杰斯

孔子到吕梁山游览，那里瀑布几十丈高，流水水泡远溅出30里，甲鱼、扬子鳄和鱼类都不能游，他却看见一个男人在那里游水。孔子认为他是有痛苦想投水而死，便让学生沿着水流去救他，他却在游了几百步之后出来了，披散着头发，唱着歌，在塘基下漫步。

孔子赶上去问他："吕梁瀑布几十丈高，流水水泡溅出30里，甲鱼、扬子鳄和鱼类都不能游，刚才我看到你在那里游，以为你是有痛苦要去寻死，便让我的学生沿着水流来救你。你却游出水面，披散着头发，一面走，一面唱，我还以为你是鬼怪呢，但仔细观察后，才敢肯定你竟然是人。请问你，到那种深水里去有什么特别的方法么？"他说："没有，我没有方法。我起步于原来本质，成长于习性，成功于命运。水回旋，我跟着回旋进入水中；水涌出，我跟着涌出于水面。顺从水的活动，不自作主张。这就是我能游水的缘故。"

孔子说："什么叫做起步于原来本质，成长于习性，成功于命运？"答说："我出生于陆地，安于陆地，这便是原来本质；从小到大都与水为伴，便安于水，这就是习性；不知道为什么却自然能够这样，这是命运。"

智慧
旁语

适者生存，这是人类一切问题的答案。自我试图让整个世界适应自己，这是麻烦所在。自我试图让一切适应自己，这是很幼稚的，只是一种不明智的愚行。

和整体协调，跟随整体、跟随河流移动，甚至不要游泳，人们试图逆着水流游泳，但他们失败了。难道你不能允许河水带着你吗？允许河水，你仅仅随着它而移动——随着生命之河放松，让它移动你，它将到达目的地。

整体永远活着，唯有个体来来去去。波浪来了又去，海洋却还是继续。

那位老者让自己适应水流，而不是让水流适应他。就这样，老者成功了。这不是一个方法，也不是一个技巧，而是一种理解。

记住，最终，不是自我存在，就是理解存在，两者不能共存。如果自我存在，你就无法理解；你只是一个无知的孩子，相信你是整体的中心，继而发现一切并非如此，你痛苦万分。发现你不是中心，你就创造了自我的地狱。理解意味着理解整个情况。只要看着你生命的整个现象，里里外外的自我就会消失。有理解，就不存在自我，理解是道路，是办法。

那么，你和生命就可以相协调、相和谐、同节奏、共步伐。

自由有风

> 不领会工作真义的人，往往把工作看成苦差事，因此，身心必多痛苦。
>
> ——［古希腊］苏格拉底

才进门按答录机，听到的留言是小潘的声音。三个多月前，他在办公室熬夜完成的企划案上留下告别的字条，自此音讯全无。

"选择离开，只是因为需要自由。"我凝神倾听这位在工作上才华横溢的朋友的留言，揭开他消失的谜底。午夜的答录机里传来的声音，每个字都分外清晰。

"这些日子我待在南澳，山里的日子孤单但快乐。我终于明白，我应该'不要'什么，而不是'要'什么"。

身边汲汲于升迁赚钱的朋友们都还在，但不知从何时开始，其中一些人却突然从自己的生活轨道中走开，即使熟如挚友亲人，也措手不及。

原本无须怀疑的生活方式、工作目标，甚至姿态，就这么猛然转变；从"要"到"不要"之间，让同样忙碌的人们乍然面对，会以为是一种消极的弃绝。

小陈习惯陪上司夜夜笙歌，最近他突然不再在意科长位子的悬缺，准时下班回家陪女儿。讲究彩妆名牌的小云许久不见，再相遇时，她脸上只有一朵素净清幽的微笑。至于小豆，则是剃度出家。

小潘在答录机里所说的"自由"两个字，解答了所有的疑惑。并且开始化成了远方南澳的一座座高山和大片碧海，以及一个眺望的背影。

无论是因心痛小女儿熟睡时挂着泪，或是觉得亮丽流行与我何干，或者在红尘的转折处最终把心放下。对于这些朋友的选择，我开始感觉释然从容，浅聊挥别，看着他们的背影，我也开始感觉自由有风。

当工作成为生命活着的主要动线，每个人心中那座自我成就的天平上，开始分属"努力"与"获得"。天平两臂在现实环境中起伏，痛苦与满足都有。但究竟是什么样的念头，可以让明明在工作上忙得无暇多想的心境，开始迟疑起来，甚至念头一转，用离开来改变一切！

"每天就是穿上涂上脱下卸下，斤斤计较自己每一个外在的角度。不仅对自己的内在成长无济于事，反而更使人疲倦。"小云微笑着解释，"脱下了华丽的外表，我才释放了自己，重获自由。"

对于所谓工作压力和焦虑累赘，人们向来都被告知以疏解做缓衡。这样的分析，其实只是颠倒了生活的本质，把工作当做唯一的轴线，以为活着全是为了工作。忘记了工作的目的，事实上是为了自我实现；而实现自我的最终目的，是为了生命格局的宽阔和自由。

人都需要自由，虽然有程度上的不同。但自由之后并没有放弃，而是有了不同的成长。

特别是选择了自由之后，不见得就意味着拒绝更多的生活机会。拨空旅行的人，都会知道什么是"充电"的感觉；毅然转业的人，都能感受到所谓重新启动的勇气；或者正如剃度的小豆所说，并非对红尘世事漠不关心，只是并启了观察生命真相的另一只"眼睛"。

小陈重拾了女儿的笑容，连久违多年的爵士乐也意外得空温习；清朗开阔的格局心境，未尝定和科长宝座无缘。小云则是盘着发髻穿着蓝白素

衣，微笑地指着胸前的莲花徽章，形容是用了"慈济修容饼"才更美。

至于早先挂念的小潘已安然无恙。如今我正微笑地等待他归来，实现他在答录机上做的承诺。他说要送我一块他在南澳山间溪底寻获的，长着青苔的奇石。那是他自由的痕迹。

有太多人将自己的生命浪费在无聊的工作上，原地踏步，毫无进展。他们不断地向前移动，却没有任何喜悦和成长，终至迷失自己。

对工作保持开朗热忱的态度，并不仅只是笑声的有无，它更是一种新的生活舞步。要设法让自己在工作的时候，还可以获得与休闲时同样的快乐。

知途的船长

我们处于什么方向不要紧，要紧的是我们正向什么方向移动。

—— [英国] 霍姆兹

　　有一个旅客首次搭乘客轮，他同船长聊起来："船长先生，你对河中每一处险滩，一定都知道得一清二楚。"

　　船长说："我对河中的险滩并不全部清楚。"

　　旅客惊讶地问："你不知道哪里有险滩，怎么能开船呢？"

　　船长说："为什么一定要在险滩之间摸索呢？我知道深水在哪里，不就够了吗？"

智慧隽语

　　生命当中不需要有太多错误尝试，跟随智者的脚步，将会使你不再误入人生的歧途。毕竟前人走过的路，是迈向成功最好的捷径。多思想，多以一些伟人心灵为榜样，从中我们可以学会如何更好地面对未来。

谎言与诚实

> 诚实是一座阶梯，也是达到真理之前的手段之一。
>
> ——［德国］尼　采

一位瞎眼的乞丐，每天带着一个小女孩站在街角，向过往的行人乞讨。

有位老妇人每天经过时，总会在乞丐的破碗中丢下几个铜板，日子久了，她和这对父女熟识起来。

老妇人有天驻足下来，和小女孩搭讪："小姑娘，旁边这位是你的父亲吗？"

小女孩回答："是的，夫人。"

老妇人怜悯道："真是可怜，他看不见吗？"

小女孩回答："是的，夫人，我父亲是个瞎子。"

老妇人继续问："唉，命运真是捉弄人，你父亲的眼睛是什么时候瞎的？"

小女孩天真地回答："每天早上9点整。"

智慧
隽语

　　人际交往中有一难题，就是对方是否"诚实"。仓颉造字时，预期每个人都是讲话算话，诚恳实在的，所以"人言为信"。但是，人心比万物诡诈，而且似乎是越来越诡诈。

　　但是，东方的"信用观"和西方人的谚语"诚实为上策"，真的都是过时的观念吗？就处世来看，诚实绝对是上策，因为诚实是迈向成功的最佳策略。

　　拥有像小孩一样单纯的信念，加上自己历练所得的精纯智慧，才能使你永远立于不败之地。并能以此为根基，一步一脚印地踏上成功坦途，不致被自己的脚步绊倒。

　　这世界上，没有能够永远瞒得住别人的谎言。谎言不被拆穿的唯一诀窍，就是永远诚实正直，对任何人，是就说是，不是就说不是，无须指天誓地，只要你坚持，你就能拥有最好的影响力。

利令智昏

> 如果说生活的贫困是犯罪之母，那么智慧的不足便是其父。
>
> —— [法国] 拉布吕耶尔

晚上，紧挨着大道，强盗在小树丛里，像整个冬天没吃过东西的饿熊一样，窥视着可能出现的猎物。

"啊！有一辆巨大的货车，货物堆得高高的！"

"可好了，"强盗咕噜道，"这是贵重的货物，运到市场去的，我想，全是绸缎布匹！哈哈，不要放过好机会，今天我决不会白辛苦了。"

货车过来了。"停车！"强盗吆喝道，他朝着赶车人的脑袋，打过去结结实实的一拳。

可是，那赶车的，又壮又棒，像块石头似的抵抗着攻击。

强盗想攫为己有的财物，现在只好用最激烈的战斗去换取了。打过来，打过去，战斗长久而且猛烈。强盗被他的敌手打掉了足足12颗牙齿，一只手被打断了，残废了，一只眼睛也已经被打瞎了。强盗终于在战争中取得最后的胜利，他在激战中杀死了赶车的人。他杀了人——又想起来去抢东西：今儿他赢得的，原来是一车玩耍用的气球而已。

俗语说：利欲熏心。不知有多少人同这个强盗一样，为了立即幻灭的泡影，不择手段地攫取钱财，甚至不惜犯罪、作恶，走上自我毁灭的不归之路。

追逐野鹿的人，看不见险恶的山势，沉溺于物欲的人，忘记了生活的真意。一个人追求财富没有什么不对，然而必须时时向自己提问：我在做什么？我想要什么？是不是值得？

人的欲望是一把双刃的利剑，它可以推动你实现目标，也可以将你推向毁灭。如果你希望达成心愿，就必须把欲望变成你生活的一部分并为之不懈努力，如果相反，把生活变成了欲望的奴隶，就可能会导致身败名裂的结局。

恶性循环

> 贪欲侵袭着人类，好像是财富占有人，而不是人占有财富。
>
> ——［古罗马］普林尼

在印度，流传着这样一个故事。

有一个穷理发师，他极其快乐，就像有时候只有穷人才能这么快乐一样，他没有什么可以担心的。他是国王的理发师，经常给国王按摩，修剪他的头发，每天服侍他。

甚至国王都觉得嫉妒，总是问他："你快乐的秘密是什么？你总是兴致勃勃的，好像不是在地上走，简直是在用翅膀飞。这到底有什么秘密？"

穷理发师说："我不知道。实际上，我以前从来没有听说过'秘密'这个词。您说的是什么意思呢？我只是快乐，我赚我的面包，如此而已……然后我就休息。"

后来国王问他的首相——一个学识非常渊博的人。国王问他："你肯定知道这个理发师的秘密。我是一个国王，我还没有这么快乐呢，可是这个穷人，一无所有的，就这么快乐了。"

首相说："那是因为他并未置身于那种恶性循环之中。"

国王问："什么恶性循环？"

首相笑了，他说："您在这个循环里面，但是您不了解它。让我们做一件事情来证明这种恶性循环的存在吧。今天晚上，我们把一个装有99块金币的袋子扔进理发师的家里，然后看看会发生什么。"

晚上，他们把一个装有99块金币的袋子扔进理发师的家。

第二天，理发师掉进地狱里了。他忧心忡忡地来了。事实上，他整个晚上都没有睡，一遍又一遍地数着袋子里的钱——99块。他太兴奋了——当你兴奋的时候，你怎么能睡得着呢？心在跳，血在流；他的血压肯定很高，他肯定很兴奋，翻来覆去地睡不着。他一再地起床，摸摸那些金币，再数一次……他从来没有数金币的经验，而99是一个麻烦——因为当你有99的时候，你总希望它们变成100。所以他在计划第二天怎么样弄到1块金币。

1块金币是一个很难弄到的东西。他一天所挣的钱应付生活是足够了。但1块金币却也相当于他近一个月的收入。怎么弄到1块金币呢？怎么办呢？他想了很多办法——一个穷人，对钱没有多少了解，他现在陷入困境了。他只能想到一件事情：他要断食一天，然后吃一天。这样，渐渐地，他就可以攒够1块金币。然后有100个金币就好了……

头脑有一种愚蠢：要把事情完成。头脑是一个完美主义者。99？它引发了理发师的痴迷：它们必须变成100。

他很忧郁。第二天他来了——他没有在天上飞，他深深地站在地上……不仅深深地站在地上，还有一副沉重的担子，一个石头一样的东西挂在他的脖子上。

国王问："你怎么了？你看起来很焦虑。"

他什么也不说，因为他不想谈论那个钱袋。他的情形每况愈下，他不能好好地按摩——他没有力气，他在断食。

于是国王说："你在干什么？你现在好像一点力气都没有。你看起来这么忧郁、这么苦闷。到底发生什么事了？"

终于有一天，他不得不告诉国王。因为国王坚持说："你告诉我，我可以帮助你。你只要告诉我发生什么事了。"

他说："我陷入了一种恶性循环中，我现在是这种恶性循环的受害者。"

贪婪只不过是意味着你感觉到一个很深的空虚，而你想要用任何可能的东西来填满它，不管它是什么。

一旦你了解到这一点，你就会脱离贪婪，你就已经进入了跟整体的深层沟通的境界，因此内在的空虚就消失了。

贪心的诱惑就是如此，一点点的贪念我们或许不以为意，但渐渐地我们的生命终将被其所吞噬。人们应该常常自我省察和警觉，绝不容许一点点的恶念在内心发作，造成可怕的破坏。

光阴如金

有一天，李先生到南部旅行。旅行是他最大的乐趣，除了可以观赏各地的名胜古迹，还可以接触到很多人，有些遭遇或见闻，往往成为他深味人生意义的最好题材。

这一天，他又遇到一件值得铭记于心的事。事情是这样的。

他坐在自己的座位上，漫不经心地欣赏窗外飞驶的景色时，忽然听到前座的乘客谈论的话。他们是两个二十四五岁的青年，瞧他们的打扮和说话的样子，似乎是大学生。

他们交谈的内容是这样的：

"喂，那一天我忽然想到一件事，觉得很有趣，我相信那是你想都没想过的事。"

"噢？什么事？说来听听吧。"

"1 年不是有 365 天吗？10 年就 3650 天，30 年就 1 万天多一点，是不是？"

"提这种算术干吗？又不是小学生。"

"咦？这个数字可含有玄机呢！"

"什么玄机？你快说吧，别卖关子好不好？"

"我的意思是说，我们到目前为止，还没活到1万天呀。"

"嗯……10年是3650天，20年是7300天……30年是……不错，我们还没活到1万天。"

"所以呀，我就忽然想到，每天都很宝贵，怎能随便浪费呢？"

"这么说，以目前的平均寿命来讲，假设一个人可以活个70年，顶多只有……我算算看……只有25550天啊！"

"也就是说，我们还只能活1万多天而已，你觉得怎么样？"

"这……如此一算，我突然觉得每一天都变得太宝贵了，的确，这个数字真有叫人大彻大悟之感呀。"

"就是说嘛，一想到这，你能不好好把握每一个日子吗？"

李先生听了这一段话，心里也不免受到冲击。人人晓得寿命有限，但是，总觉得那是遥远的事，好像跟自己毫不相干。如果把余年多少，化成天数来想，而不是几十年来想，只能再活1万多天的事实，就让人觉得大吃一惊，而且，一天一天消逝的日子，就突然变得珍贵无比了。

1万天也好，2万天也好，这些日子是一去不复返的，任你财大势大，也无法买回来。

一般人过日子，却当做时光好像商品那样，随时可以买回来，或是像借钱那样，可以逢人便借，过得毫无计划，任其流逝而浑然不觉。你的一生，还有多少天？不妨算算看，然后，赶紧拟定如何把每天过得充实且有意义的计划吧！

智慧隽语

你是否视光阴如寇仇——冷酷无情的大盗，窃取你宝贵的分分秒秒，让你永远取不回它们？"时间哪里去了？"你惊慌失措地问道："怎么一天就这样过去了？"

当光阴大盗结为党羽，你是否因为时光昼以继夜、年复一年遭窃取消失，而感到心惊："真不敢相信，已经到了阳春三月了！"你惊呼道，惊觉自己又添了一岁。

自人生之始，"光阴大盗"就在人身畔，只是因为人们注意到大量的昨日累积，才发现今日的飞逝。每一刻过去，时间都变得更加宝贵。但紧紧抓住时间不放，期望一天有更多的时光，催促自己加快动作，或是悲悼因光阴流失而无法完成的志业，对人并没有益处，因为人们永远不可能得到更多的时间，或重回已经流逝的时光。人们不可能保住光阴、贮存光阴、看守光阴或囤积光阴。

但人们对光阴大盗可以以智取胜。由现在起，不要再悲叹已逝的时光；时间不舍昼夜必须向前，你无能为力，但你可以尽量运用现在所有的时光。记住，花时间来享受你的时光！

勇 气

> 胆气只是一种气质特点，而勇气则建立在原则上，并且是一种美德。
>
> ——[德国] 康 德

从前有一个国王，他想委任一名官员担任一项重要职务，于是就召集了许多聪明机智和文武双全的官员，想看看他们谁能胜任。

国王说："我有个问题，想看看谁能解决它。"国王领着这些人来到一座大门——一座谁也没见过的巨大的门前。

"你们看到的这扇门，不但是最大的，而且是最重的。你们之中有谁能把它打开？"

许多大臣见到大门后摇头摆手，有的走近看看，有的则无动于衷。只有一位大臣，他走到大门处，用眼睛和手仔细检查，然后又尝试着各种方法。最后，他抓住一条沉重的链子一拉，巨大的门开了。

国王说："你将在朝廷中担任要职！"

其实，大门并没有完全关死，那一条细小的缝隙就隐藏在严密的假象中，任何人只要仔细观察，再加上有胆量去试一下都能打开它。

"局限于自己所听到的和所看到的，却没有勇气尝试一下。"这就是许

28

多人与机会失之交臂的原因。

生命是属于勇敢的人的。懦弱的人只是麻木不仁地在生活。

懦弱的人一直在犹豫不决，等到他决定好的时候，他已经错过那个时机了。懦弱的人只会想要去生活，但从未真正的生活过；想要去爱，但从未真正爱过。而这个世界上到处都有懦弱的人。懦弱的人会有一种基本的恐惧，对于未知的恐惧。他将他自己保护在已知的屏障以内，那是一个他熟悉的世界。

但是勇气开始于人们跨出已知的屏障之外的时刻，这是很冒险的、很危险的一步。但如果你冒越多的险，你就会越活生生地存在。越是接受未知给你的挑战，你会变得越整合。灵魂只有在巨大的危险中才会诞生；否则，这个人将只是维持肉体的存在而已。

对千百万人而言，灵魂只是他们成长的一个可能性，而不是他们真实的存在状态。只有非常少数的人——勇敢的人是充满灵魂的。

补 过

> 不要为自己的过错感到尴尬，了解错误能带来最好的教训，这是最好的自我教育方法之一。
>
> —— [苏格兰] 卡莱尔

几年前，我参加了一个人际关系培养的训练班，其间有过一次独特的经历。老师要求我们列出过去自己曾感到羞愧、负疚、缺憾和悔恨的事情。一周后他请大家大声宣读自己所列的清单。这看起来有涉隐私，但确实有勇敢之人自告奋勇地宣读。听了别人的陈述，我的清单越发长起来，3 周之后竟达 101 条之多。之后老师建议我们想法弥补缺憾，向别人真诚道歉，采取行动来纠正自己的过失。我对此举能够增进我的人际关系深表疑惑，相反却认为这只能使彼此更加疏远。

一周后，我身旁的一位老兄举手发言，讲了如下这个故事：

我在列出清单时，想起高中时发生的一件事情，我在内华达州的一个小镇长大。镇上有个我们小孩子们都讨厌的官员。有天晚上，我和两个伙伴决定要捉弄这个叫布朗的官员一番。喝了几瓶啤酒，找到一罐红颜料，我们爬到镇子中央高高的水塔上，在上面用鲜红的颜料写道："布朗是头大狗熊"。第二天，镇上的人们起来后都看到了我们的"大作"。两小时

后，布朗把我们 3 个人弄到他的办公室。我的伙伴们承认了错误而我却撒谎抵赖、蒙混过关。

这事都快过去 20 年了。今天布朗的名字出现在我的清单上。我不知道他是否仍在人世。上个周末，我向内华达州的家乡打电话查问，果然有个叫罗杰·布朗的先生。我于是给他打电话。铃声响了几下后，我听到："喂，你好。"我问："你就是那个叫布朗的官员？"那边沉默了一下，"是的。""那好，我是吉米·考金斯，我想告诉你那事我也有份。"又是沉默。"我早就知道。"他嚷道。我们于是大笑，谈得很愉快。他最后说："吉米，我一直为你感到不安，因为你的伙伴们都已消除了心病，而你这么多年却一直挂在心上。我应该感谢你打来电话……这是为你着想。"

吉米鼓励我化解我清单上应该弥补的 101 件事情。这费了我两年的时间，但这却成了我以后从事矛盾调解工作的起点和动力。不论冲突纠纷多么严重，我一直记着摒弃前嫌，化解宿怨、见兔顾犬、亡羊补牢，为时都不算晚。

智慧
隽语

有些事可以渐渐改变，有些事却容不得我们慢慢地调整。想一想，有哪些事是我们必须立即面对和努力克服的，就用坚定的态度去处理吧！快刀斩乱麻，绝不容一些坏习惯继续腐蚀我们的心灵。

知更鸟的故事

> 人的身体宛若一座有善有恶的城市，你就是这座城市的国王，你的智慧是你最佳的顾问。
>
> —— ［罗马］圣路加

有一则真实的故事是这样的：著名宗教家约翰·伍尔曼童年时的某日到邻居家去，半路上看见一只知更鸟停在巢里，他走近探看，知更鸟飞了，可是小知更鸟留在巢里，发出声声哀鸣的大知更鸟在空中盘旋，他停下脚步，从地上拾起石子掷母鸟，结果其中一块石头击中母鸟，母鸟落地而死。

起初，他很兴奋，像是自己完成一项丰功伟业似的，然而当他看见地上的死鸟，有一种莫名的恐惧涌上心头，他发现自己因一种游戏的心态，杀死了一位正在抚育婴儿，而且天真无邪的动物妈妈，由于他的错误，小知更鸟因此失去慈母的照顾而待毙。约翰·伍尔曼一时之间难过不已，痛苦地自责之后，他爬上树，又将所有的小知更鸟杀死，他认为这样做比让它们活活饿死要好些。这时，他脑际浮现一句圣经上的格言："邪恶者的慈悲，是残酷的。"他发觉自己为了掩饰罪恶，竟又无知地犯下了另一桩不可原谅的过失。后来，他选择了宗教事业，一生从事慈善助人的工作。

智慧
旁语

　　这是一个很令人深思的故事，应验了西方谚语"无知是一种罪恶"的道理，如果约翰·伍尔曼在造成错误之后，能够明智地选择将小鸟妥善照顾，或送往鸟店，或送给熟悉养鸟的人饲养，就不会发生如此悲剧，造成遗憾。人常在造成错误之后，为了弥补已发生的错误而造成另一项不可原谅的错误。

　　从这个故事可知，处理事情绝不可单凭一相情愿的好恶喜怒，更不能罔顾大局加以即兴抒发，想想知更鸟的遭遇，它的家庭和子女都毁在一个不知自己到底做了什么的顽童手上；顽童虽然受到良心自责，后来用一生的关怀慈悲去赎罪，但无辜的知更鸟被捕杀，却仍是一个永难磨灭的遗憾。

不会聆听

> 一个冷静的倾听者，不但到处受人欢迎，而且会知道许多事情。
>
> ——[美国] 威尔逊

女主人将在当天晚餐宴客，重要的主菜是一条稀有的石斑鱼。为了让鱼的鲜美滋味能完美地呈现在客人面前，女主人不厌其详地一遍又一遍叮咛厨师，如何清蒸，火候大小及时间的长短。

末了女主人特别交代摆放的方式："记住，要用银盘来盛这条鱼，四周加上你惯用的装饰。喔，提到装饰，我还没化妆呢！我这样交代，你懂了吗？银盘四周要有精美的装饰，别忘了，嘴巴上含一片柠檬。"

厨师点了点头，女主人也就忙着打扮自己了。

晚宴时宾主尽欢，在宴会的高潮时刻到来时，这次晚宴的最后一道主菜被端上来。然而当上菜的厨师把那盘清蒸石斑鱼端上桌时，宴会上原本愉悦的气氛霎时静了下来。

石斑鱼放在银盘当中，看来色、香、味俱全。银盘四周的食物装饰也一如女主人的吩咐，上菜的厨师嘴巴上含着一片柠檬，正如女主人的吩咐一样。

智慧
赘语

　　现代社会人与人之间的关系日趋紧密，生活步调随之加快，似乎每个人倾听的能力也在逐日降低当中。

　　因为没有注意倾听而产生误解，闹出笑话来的，多得不胜枚举，此则故事只是其中较易揣摩的一个。如果你不想在自己同他人的沟通当中，也弄出类似的后果，就得在倾听能力方面，多下一些功夫了。

　　除了专注地听人说话，不随意插嘴打断话题的基本礼貌之外，懂得适时发问，更是提升倾听能力重要的一环。

　　一般人思考的速度数倍于说话的能力，说话者如此，聆听者也是如此。主要的沟通误解，问题便出在这里。由于思维速度太快，说话者有时难以尽情表达他的真正心意，而聆听者更易于将听到的话语，在自己的思考中加以曲解。如此一来一往，也就差了十万八千里。

　　解决之道，在于仔细倾听之余，对自己无法全然了解的话语，在适当的时机，用自己的想法复述一次，和谈话的对方做一次确认。这样，沟通的误解程度也将减至最低。

归零的心态

> 如果你是聪明人，你会了解自己的无知；如果你认识不到这一点，就是愚昧。
>
> —— [法国] 卢 梭

有个自负聪明的学生参加考试。试卷一发下来，他大致浏览了一下，除了试卷上头一行"请先看完所有题目之后，再开始作答"的字样之外，有100道是非题。以他的实力，大约30分钟可答完，他满怀自信地提笔开始答题。

过了两分钟，有人满面笑容地交卷，这个聪明的学生心中暗笑："又是交白卷的家伙。"

再过5分钟，又有七八个人交卷，同样是笑容满面，看来不像是交白卷的模样。这个聪明学生看看自己只答到二十几道题，连忙加快速度，埋头作答。

待他答到第76题时，赫然发现题目写着"本次考卷不需作答，只要签上姓名交卷便得满分，多答一题多扣一分。"

他满脸狐疑地举手欲向监考老师发问，只见同时有数名考生迷惑地四处张望。

聪明的学生看着试卷第一行的说明："请先看完所有题目之后，再开始作答。"

他不禁痛恨起自己答题的快速。

在我们的人生历程中，是否也曾发生过类似的情形，自视过高，不听信好的意见，是一般人常犯的错误。

在面对难题时，若能单纯地依照有经验者的指示，按部就班地去处理，难题可能会奇迹似的变得极易解决。真正难的部分，在于我们时常高估自己的智慧，而忽略了旁人的能力。

尤其在学习成长的路上，归零的心态是我们首先必须拥有的。只有将自己心中那杯已长满青苔的死水倒掉，方能承接学习过程中新注入的清洌甘泉。

而且要不止一次地将杯子倒空，因为你每次学习所吸收的新东西，很快地又会将你心中的杯子装满。所以你必须拥有属于自己的智慧贮水库，时时不忘将杯内的水倒入水库中，使杯子永保中空，随时可承接新的事物。

建议你在面对任何人生际遇时，回想一下第76题的要求，遵行人生答题的指示，归零地去对整个状况做通盘了解，切勿自作聪明。在事业的开展上保持归零的心态。在人际的沟通、夫妻的相处、子女的教育等方面，皆应如此。

天地在我心

　　有位国王非常疼爱一只珍鸟，每天都逗着它玩。有一天，他的家臣在喂食时，不小心让这只珍鸟飞掉了，家臣面无人色，惶恐地上奏请罚。国王听完后，大笑着说："这个天下终是我的天下，这只鸟就算从笼子里飞出去再远，终归要在我的天下里面为我鸣叫，有什么不妥。"他没有责备他的家臣。

　　佛教亦说："三界皆是我有"。所谓三界，便是我们所生活着的世界，这一个广大空间里一切的一切，都属我有，但有一个条件，就是要虚心，要胸襟宽广。

智慧旁语

　　如果别人嘲笑你，你可以怜悯他；但是如果你嘲笑他，你决不可自

恕。如果别人伤害你，你可以忘掉他；但是如果你伤害他，你须永远记住。

　　一个人如果认定笼子里面的世界才是他的世界，那心胸就太狭窄了。能够虚心反省的人，必获无上的幸福！

唾面自干

一天，一个脾气暴躁的年轻人来到大德寺，找一休和尚。

他冲着一休和尚说："禅师，我下定决心，从今天开始，绝不跟任何人吵架或打架。就算有人向我吐痰，我会默默地把它擦掉，绝不揍那个人。"

一休和尚说："不，不，别人向你吐了痰，你可别擦掉，任它在身上自干好了。"

年轻人有点不服气："这，未免太强人所难了，让吐到身上的痰自干，我的耐心可没那么大咧。"

一休和尚劝说："这有什么难？你不跟他发生任何纠纷，他却向你吐痰，这种人简直就是一只苍蝇。要知道，苍蝇会停在粪便上，也会停在贵人或美人身上，它可是肆无忌惮，目无法纪的。抓住这种苍蝇，骂它可恶，又有什么用？给类似苍蝇的人吐了痰，对你绝不造成什么耻辱，何必为它而大怒？你不但不要发脾气，大可嘲笑他呀。"

年轻人还是一肚子疑问："那，要是有人挥拳揍我呢？"

一休和尚答说:"以同样的态度对付他。"

话刚说完,年轻人就握紧拳头,朝着一休和尚光秃秃的头,猛然打了一拳。

他瞪着一休和尚,问说:"怎么样?我这样揍您,难道您不生气?"

一休和尚若无其事地笑了笑,说:"哈,我的头硬如石头,你那么用力一揍,恐怕伤了手了吧?痛不痛呀?"

年轻人见他不恼不怒,态度从容,一时说不出话来,他从一休和尚的修养中,重新体认了一休和尚的伟大。

智慧
旁语

诸般美德中有一项最难学习的就是:"忍耐"。你碰到了需要忍耐的事情吗?把心中那份不平之气转换一下吧!用一颗更释怀、更圆融的心去处理,效果或许会更好。

面对质疑

> 我们没法时常使人感到满足，但我们可以时常把话说得使人高兴。
>
> —— [法国] 伏尔泰

一位才思敏捷的牧师对会众做了一场精彩的讲道，末了他以肯定自我的价值作为结尾，强调每个人都是上帝眷顾的宝贝，每个人都是从天而降的天使。活在这个世上，每个人都要善用上帝给予的独特恩赐，去发挥自己最大的能力。

会众当中有个人不服牧师的说法，站起身来，指着令自己不满意的扁塌鼻子，道："如果像你所说，人是从天而降的天使，请问有塌鼻子的完美天使吗？"

另一位嫌自己腿短的女子也起身表示同样的意见，认为自己的短腿不是上帝完美的创造。

牧师轻松而自信地回答："上帝的创造是完美的，而你们俩人也确实是从天而降的天使，只不过——"

他指了指那名塌鼻子的朋友："你降到地上时，让鼻子先着地罢了！"

牧师又指着那位嫌自己腿太短的女子："而你，虽是用脚着地，却在

从天而降的过程中，忘了打开降落伞。"

智慧
隽语

在人际关系的建立过程中，良好的沟通方式占有极重要的地位。而沟通中如何处理对方的质疑更是关键所在。

如同故事中那位牧师深具信心且带着幽默的回答，正是处理质疑的极佳方式。我们了解，每个人都有自己坚持的立场，在双方立场背道而驰，且各持己见的情况下，便极易产生争辩，而争辩却是最差的沟通方式。

如何避开尖锐的争辩，迂回地使用较轻松的方式，来促使对方接受我们的看法，是需要熟谙沟通的艺术，方能达成的。

而真正能达到这种境界所仰赖的，并非表面的技巧，或纯熟的机变。应是借由自己秉持的正确态度，使之衍生出坚定的信心、诚恳的关怀、智慧的判断，再配合幽默的反应，融合而成完美的应对。

面对质疑，能不惑于彼此立场的坚持，适当地引导对方进入自己的领域，并进而促成对方的自我提升，不仅是一种沟通艺术，同时也是建立良好人际关系的绝妙高招。而良好的人际关系，则是你在追求成功的道路上，最雄厚的资源。

老鹰与小鸡

> 宇宙的穹音，仍回荡在，夜莺及蜂鸟的歌声中。
>
> 为什么我们不齐声歌唱，除非我们了解，刺耳的旋律将再响起。
>
> 原始的记忆一旦苏醒，便自会产生需求。行远必自迩。
>
> ——[美国] 黛安·肯尼迪

很久很久以前，在那第一高峰的山巅，有个鹰巢。一阵强风刮来，把一颗蛋吹落了巢，使它滚下山谷，最后掉在养鸡场里。

母鸡看到这颗小鹰蛋，就说："这真是颗怪鸡蛋，但我会孵它，使它成为我的小鸡！"母鸡坐在蛋上，直到它孵化，但破壳而出的，却是只大嘴、大脚和大翅膀的小东西。母鸡看着它说："长得多滑稽的小鸡啊，但你依旧可以当我的孩子。"尽管它生来便有老鹰的基因和染色体，但却生在鸡群中，因此，自以为是只鸡，不仅走路像鸡、叫声像鸡、思考像鸡，做梦也像鸡。而它最大的"鸡"梦，便是有朝一日，能飞上篱笆，像只公鸡般地啼叫。它认为，只有这么做，其他鸡才不会因自己的长相与众不同，而加以嘲笑。

可是，每当它做这个梦时，便会对自己说："你知道，你是永远也上不了篱笆的！你知道，它们总告诉你，鸡是不能飞的！"因此，它连试都

不试，就干脆放弃。

有一天，当它站在谷仓的空地上时，竟抬头望到前所未见的壮观景象。它看到一只鹰威风凛凛地飞过天空，犹如空中帝王般。它诧异不已，因而声嘶力竭地大叫道："你是谁？你是谁？"听觉灵敏、目光锐利的大老鹰看到它，便立刻飞下来说："我是谁？那你又是谁？"它回答："我是只鸡。"大老鹰直视着它的眼睛说："瞧瞧我的脸，你看起来就像我！瞧瞧我的嘴，你看起来就像我！瞧瞧我的翼，你看起来就像我！朋友，你不是只鸡，你是只鹰！快拍拍翅膀，如天生的鹰般飞翔。"

于是，它拍拍翅膀……竟飞了起来，并直入云霄！

智慧
旁语

有时，那路看似永无止境，但任何事，即使是艰苦与逆境，都有结束的一天。而在这不幸与苦难的黑暗中，将萌生彻底扭转和蜕变的种子，就如自灰烬中再生的火凤凰。第一步或许看似微不足道，但这一小步却会带来丰富的报偿。在那艰难的时刻里，往往会孕育了美好的胜利与转机。

每个人的生命中，都有决定性的时刻，也就是那改变我们生活重心的时刻。有人说，我们在那些时刻里，决定了自身的命运。尽管如此，仍有许多人因为不安，而放弃或逃避这些时刻。决定性的一刻天生就令人不安，但成长也同样痛苦，而改变更令人焦虑，但它们却是日常生活的一部分。那些决定性的时刻，也正是造就赢家的时刻。

我们都曾有改变，或影响人生方向的决定性时刻，但唯有在它真正造就个人的观念与性格时，才算是决定性的一刻。事实上，造就它们的，并非那一刻，而是我们对那一刻的反应。朋友，你生来不是要当小鸡，而是要做只鹰的，因此，就像天生的鹰般展翅高飞吧！

大树与啄木鸟

> 特别美的东西不一定好，但好的东西永远是美的。
>
> ——英克吕斯

一棵长得高大挺拔的树，非常欣赏自己的身材，并引以为傲。

有一天，来了一只啄木鸟，停在树上，它听到树干里有许多小虫啃噬的杂音。啄木鸟便用长嘴在树干上啄一个洞，准备将虫一一吃掉。

但是这棵大树非常生气，它不能忍受美丽的枝干被破坏成一个一个的洞，因此，大树开口责骂啄木鸟并把它赶走。

于是小虫在树干里长大并生了更多的小虫，它们不断地啃噬着树干，逐渐把它吃空了。

有一天，刮起一阵强风，这棵大树便拦腰折断了。

　　生命中的一些雕琢，似乎使我们非常不畅快，但这些雕琢却对我们未来的生活产生巨大的帮助。生活所给予你的苦难，是要让你成就更大的事情，既然这是生命的一个过程，就以一颗喜悦的心来接受吧！

心中的 18 洞

詹姆斯·纳斯美瑟少校梦想着自己的高尔夫球技突飞猛进——他也发明了一种独特的方式以达到目标。在此之前，他打得和一般在周末才练上几杆的人差不多，水平在中下游之间，90 杆左右。而他也有 7 年时间没碰球杆，没踏上球场。

无疑的，这 7 年间纳斯美瑟少校一定用了令人惊叹的先进技术来增进他的球技——这个技术人人都可以效法。事实上，在他复出后第一次踏上高尔夫球场，他就打出了叫人惊讶的 74 杆！他比自己以前打的平均杆数还低 20 杆，而他已 7 年未上场！真是难以置信。不只如此，他的身体状况也比 7 年前好。

纳斯美瑟少校的秘密何在？就在于"心像"。

你可知道，少校这 7 年是在战俘营中度过的。7 年间，他被关在一个只有 4 尺半高、5 尺长的笼子里。

绝大部分的时间他都被囚禁着，看不到任何人，没有人和他说话，也没有任何体能活动。前几个月他什么也没做，只祈求着赶快脱身。后来他了解他必须找到某种方式，使之占据心灵，不然他会发疯或死掉，于是他学习建立"心像"。

在他的心中，他选择了他最喜欢的高尔夫球，并开始打起高尔夫球。每天，他在梦想中的高尔夫乡村俱乐部打 18 洞。他体验了一切，包括细节。他看见自己穿了高尔夫球装，闻到绿树的芬芳和草的香气。他体验了不同的天气状况——有风的春天、昏暗的冬天和阳光普照的夏日早晨。在他的想象中，球台、草、树、啼叫的鸟、跳来跳去的松鼠、球场的地形都历历在目了。

他感觉自己的手握着球杆，练习各种推杆与挥杆的技巧。他看到球落在修整过的草坪上，跳了几下，滚到他所选择的特定点上，一切都在他心中发生。

在真正的世界中，他无处可去。所以在他心中他步步向着小白球走，好像他的身体真的在打高尔夫球一样。在他心中打完 18 洞的时间和现实中一样。一个细节也不能省略。他一次也没有错过挥杆左曲球、右曲球和推杆的机会。

一周 7 天。一天 4 个小时。18 个洞。7 年。少了 20 杆。他打出 74 杆的成绩。

智慧
箴语

遇见不如意的事，通常你的反应是什么？沮丧、埋怨、忧愁？想想你目前所处的光景，并学习接纳你所面对的各种困难，因为万事互为因果，在苦难的外衣下，都藏有无穷的机会。

自然去生活

> 提防别人不如提防自己，最可怕的敌人就藏在自己心中。
>
> —— ［比利时］斯帕克

有一次摩拉在一条小道上走着，那是条偏僻的小道，太阳下山，黑夜降临了。

忽然他感到害怕，因为对面来了一群人。他想：这些人一定是暴徒、盗贼，周围没人，就我自己。怎么办？于是他翻过附近的一道墙，发现自己来到了一个墓地。他躲了进去，让自己冷静下来，闭上眼睛，等着那批人过去，然后他可以回家。但那批人也看到他在那里。摩拉突然越过墙头，不禁使他们害怕。这是怎么回事？有人躲在那里干什么见不得人的事吗？于是他们全都越过墙头。

现在摩拉肯定了：我是对的，我的推测是对的，他们是危险人物，现在毫无办法，只好看运气了。于是他屏住了呼吸，一动不动。但那群人看见有人翻墙，他们十分担心。

他们围在坟墓四周，发现了摩拉后，问他："什么意思？你在干什么？你为什么待在这里？"摩拉看看他们，然后他肯定自己不会有什么危险，他笑了，说："看，你们问我为什么在这里，我还想问你们为什么在这里

呢，我在这里是因为你们，你们在这里又是因为我！"

智慧
隽语

　　这是一种恶性循环：你害怕别人，别人害怕你，你的整个生活乱成一团，放下这种胡思乱想，摆脱这种恶性循环，不要在意别人。你自然去生活就可以了，不要顾虑别人。如果你无牵无挂地生活，你的生命就会开花，别人也会分享你的生命。你乐意分享，你也乐意给予，但首先你必须停止顾念到其他人，以及他们对于你的想法。

　　这种顾虑是很危险的，谁都不自在，谁都不放松。因为其他人也顾念别人，每个人都跟在另一个人后面——生活成为地狱。

　　做！不要顾虑你在做什么——全心全意地做，于是，做本身就成为极乐。不要考虑什么大事，事情没有大小之分。不要想你是在做大事，演奏伟大的音乐，绘制伟大的图画，你要成为毕加索或凡·高或莎士比亚或弥尔顿等等。没有什么——没有大事，也没有小事，只有伟大的人和渺小的人，而事情不分大小。一个伟大的人能把这种色彩带进他所做的每一件微不足道的事情当中：他与众不同地吃，与众不同地睡，与众不同地行。他将其伟大的品质带进他的行为。

　　什么是伟大？自然，没有比自然更伟大的了。像国王一样饮食，这并不取决于食物的质量，而是取决于吃的人以及他从中取乐的方式。即便只有面包、黄油和盐，你也能做一个国王。

坚　持

> 　　在溪流与岩石的较劲中，总是溪流获胜，但这并非靠蛮力，而是靠不断地坚持和毅力！
>
> 　　　　　　　　　　　　　——［美国］威利·贾立

　　如果你说当今世界最伟大的女推销员是个黄毛丫头，她也不会介意。因为玛奇塔自7岁起，便凭借卖女孩专用饼干赚进了8万多美金。

　　自从玛奇塔13岁那年发现了推销的秘诀后，便在放学后挨家挨户推销饼干。原来害羞得要命的玛奇塔，后来竟变成卖饼干的高手。

　　这一切都起始于愿望——火红炙热的愿望。

　　对玛奇塔和她的母亲而言，她们的梦想就是能环游世界。玛奇塔的父亲在她8岁时抛下了她们母女俩，之后，玛奇塔的母亲便在纽约当服务生糊口。有一天玛奇塔的母亲对她说："我要努力赚钱让你上大学，等你大学毕业后，你就可以赚足够的钱让我们去环游世界，好不好？"

　　因此当13岁的玛奇塔从少儿杂志上获知，卖最多饼干的小孩子可以带另一个人免费环游世界时，她就决定尽全力去卖女孩专用饼干，她要缔造史无前例的女孩专用饼干销售纪录！

　　但仅有欲望是不够的，为了使梦想实现，玛奇塔知道她必须有个计划。

玛奇塔的姑姑建议她："随时随地都要服装得体，穿上代表你专业精神的行头。做生意时，就要穿得像生意人。穿上制服，在下午4点半或6点半去推销，尤其是在礼拜五晚上去公寓的住家推销时，你要请他们多订些饼干，并随时面带微笑，不管他们买不买，你都要彬彬有礼。不要求他们买你的饼干，而是请他们投资。"

或许其他的小孩都想环游世界，或许他们也都有自己的计划，但只有玛奇塔每天放学后穿着她的制服，随时随地且锲而不舍地请人投资她的梦想。她会在门口对应门的人说："嗨！我有一个梦，借由推销饼干，我可以为我和我妈妈赢得免费的环球之旅，你要不要投资一打或两打饼干？"

玛奇塔那年卖了3 526盒女孩专用饼干，并赢得了她的环球之旅。从那时候开始，她又卖掉了42 000多盒的女孩专用饼干，她也在全国各地的推销大会上演说，并在一部描述她冒险历程的迪斯尼电影中演出。此外，她也是畅销书《如何卖出更多饼干》、《凯迪拉克》、《电脑》及《其他重要的事》的作者之一。

和其他数以千计心怀梦想的老老少少比起来，玛奇塔并不很聪明，也不见得更外向大方。差别在于玛奇塔发现了销售的秘诀，那就是要求、要求、再要求。许多人在尚未开始前就失败了，因为他们没有请求别人给他们想要的东西。不管我们推销的东西为何，我们总是在别人有机会拒绝之前，就因为害怕被拒绝而先否定了自己。

我们每个人都在推销，玛奇塔14岁时说道："我们每天都在推销自己，你在学校推销自己，你把自己推销给你的老板及新认识的人。我妈妈是个服务生，她推销每日特餐，想得到选票的市长和总统也是在推销……萧屏是我最喜欢的老师之一，她把地理课教得很有趣，这的确是高明的推销……我举目所见尽是推销，推销是整个世界的一部分。"

　　要求别人给你想要的东西是需要勇气的，勇气不仅是不害怕，更意味尽管内心存有恐惧，但仍去完成所做之事的品质。正如玛奇塔所体会到的——你要求的次数越多，你就越容易得到你要的东西，而且连带的也会得到更多乐趣。

　　有一次，在一个现场直播的电视节目里，制作人决定给玛奇塔一个最困难的考验，他要玛奇塔把女孩专用饼干推销给另一位参加此节目的嘉宾。玛奇塔问这位嘉宾："你要不要投资一打或是两打的女孩专用饼干？"

　　"女孩专用饼干？我从来不买什么女孩专用饼干！"这位来宾如此回答："我是联邦监狱的典狱长，每天晚上我要使 2 000 名罪犯乖乖入睡。"

　　玛奇塔对这样的回答一点都不生气，反而很快地反驳道："先生，如果你肯买一些饼干，或许你就不会如此小气、愤怒及恶毒。而且，先生，我觉得这是个不错的主意，你可以带一些饼干回去给每一位犯人。"

　　玛奇塔如此要求。

　　这个典狱长马上开了一张支票。

智慧 隽语

　　我发现，伟大真正的定义，是平凡人成就非凡事，能坚持到底，并拒绝放弃。坚持可以突破任何阻碍人们追求梦想的弱点与限制，它是一种能使你美梦成真的资产与行动。决心是一种态度，但坚持却是一种行动，一种绝不放弃的行动。

　　你若要使美梦成真，就绝对要坚持。在造就赢家的一切特质中，最重要的便是坚持。你必须不断尝试、尝试、再尝试，并下定决心，绝不放弃。绝不！坚持能化解阻力。生活会对你说，"不！"人们会对你说，"不！"但只要你坚持，那么生活终究会对你说，"好！"这是一种定律。

无钱无友

> 酒食上得来的朋友，等到酒尽樽空，转眼成为路人，一片冬天的乌云刚刚出现，这些飞虫们就躲得不知去向了。
>
> —— [美国] 莎士比亚

一位轻率鲁莽的青年，虽然继承了一大笔遗产，但在几个酒肉朋友的怂恿下，今日请客，明日送礼，不久便把遗产挥霍一空，变成了一个一文不名的穷光蛋。而最使他不堪忍受的是他的那些朋友纷纷悄然离去。

青年无法，便去请教智者："我花光了钱，失去了朋友，今后可怎么活啊？"

智者说："不用忧愁，事情总会好起来的。忍耐吧，幸福就会回到你的身边。"

青年兴奋地说："你是说我会重新发财？"

智者说："不，不，不是这个意思。我是说你会习惯这无钱无友的生活！"

　　和许多朋友一起喝酒、聊天，是人生一大乐事，然而，在你的众多朋友之中，有称得上是"知心朋友"的吗？当你有苦恼时，是否能将这些苦恼向朋友倾诉呢？

　　如果没有知心朋友，即使拥有再多的朋友，也等于没有。交友之道不在数量的多寡，而是要看彼此能否以诚相待。

　　人是无法单独生存的，当你喜悦或痛苦时，都希望能有人与你分享。虽然你的身边不乏亲密的朋友，但要找到一个真正的知己可能并不容易。

　　拥有一个知心朋友，对人而言，是一生中最宝贵的资产。

　　生活优裕时，身旁常会围绕着许多朋友，但他们感兴趣的不是你，而是你的钱袋。一旦你遇到困难，他们便会突然消失得无影无踪了。

　　因此，对那些在你生活优裕时，才来接近你的人，一定要特别留意，以免他在你有困难的时候扯你的后腿。

　　人在境遇顺利时，常会因得意忘形而疏忽身旁的人是否都是真心实意地想与他为友，所以，人在春风得意时更应冷静地对周围的人和事加以判断。

走进星星的世界

> 草是我，空气和远山是我，疲倦的牛儿也是我。我呼吸着轻拂过荆棘丛林的徐徐晚风。
>
> —— [法国] 克莉丝坦兹

在美国，一位军官接到命令，要他一个人前往靠近沙漠的地方驻防。那里的生活条件很差，这位军官不想让新婚的娇妻跟随他一起吃苦。但是妻子一定要跟他去。他们在靠近印第安人村落的地方找了一间栖身的小木屋，这里白天酷热难耐，风一年到头吹个不停；更要命的是旁边住的都是不懂英语的印第安人，双方无法交流。日子一长，妻子觉得极其无聊。一次，乘丈夫外出参加部队演习，她给母亲写信，诉说苦处，并说她要回家。

母亲很快回信了，意味深长地告诉女儿："有两个囚犯从狱中望窗外，一个看到的是泥巴，一个看到的是星星。"寂寞的新娘并不愿意撇下自己的丈夫，想了想，她对自己说："那我就去寻找那星星吧。"从此她改变了以往的生活方式，走出屋外，与周围的印第安人交朋友，并请他们教她织东西和制陶。开始，印第安人对她并不很友好，可经过一段时间后发现她的确待人和善，他们也以诚相待。她因此迷上了印第安文化，不仅如此，

还开始研究起沙漠，最后成了一名沙漠专家，写了一本有关沙漠的专著。"走进星星的世界!"许多年后，这位妻子回想往事，仍非常动情。确实，她的生命之所以在寂寞中得到充实和升华，没有成为一个无所成就的"怨妇"，就因为她走进了"星星"的世界。

在有些生活圈子中，人们在其中发展形成了自己的文化体系，这种文化体系是与其他文化体系相抵触的。这样，跨文化问题的基本原则，也就成为人际关系和心理冲突发展过程的原则。因此，它也成为人们交往中需要解决的一个问题。

当人们走出自己的生活空间，接触到其他文化圈子中的人们时，往往用自身已形成的那些观念去理解他们。人们会由于想象那些人落后、天真、野蛮而批评、谴责、嘲笑他们，或者对他们漠不关心。

在跨文化中，人们会涉及许多观念、规范、价值观、行为方式、兴趣，以及在一种文化中被认为是正当而在其他的文化中却不被接受的观点。

在私人生活、工作和政治中，克服跨文化的困难，在今天显得越来越重要了。随着社会的发展，解决跨文化差异的问题，将成为人们面临的主要任务之一。过去，不同文化圈子中的人往往由于相互之间距离很大，只是在不寻常的情况下才有些接触。而现在，科学技术的进步大大地增加了人们互相接触的机会。而这种认同与融合也成为世界发展的一种趋势。

相互依赖的大自然

为他人着想，为他人出力，那么你在动荡的人生波涛上面就总会是坚定的。

——［德国］歌 德

有一个故事说，国王半夜突然醒来，诏来全国最有智慧的先知。国王呻吟道："伟大的先知啊，我睡不着，因为我不知道下面这个问题的答案——谁支撑着地球？"

"陛下，"先知回答道："地球是由一只体积庞大的象驮在背上。"

国王吁了一口气，宽了心，又上床睡觉，但不久再度在淙淙冷汗中醒来，他又把先知诏来寝宫："告诉我，伟大的先知，谁支撑着大象呢？"

先知答道："大象站在一只大乌龟背上。"

国王准备吹熄蜡烛就寝，却又停下来问道："但是——"

先知握住他的手说："陛下可以适可而止了。"

　　大自然支撑所有的生物；没有任何生物能够只靠自己存活。所有的生物都需要土壤、水和空气，都相互依赖，这意味着你不可避免地会接受别人的帮助或帮助他人，在这种时候，请真诚地伸手援助他人，或张开双臂接纳他人提供的援助。

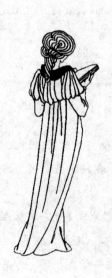

木屑中的手表

有一个木匠在工作的时候，不小心把手表掉落在满是木屑的地上，他一面大声抱怨自己倒霉，一面拨动地上的木屑，想找出他那只心爱的手表。

许多伙伴也提了灯，与他一起找表，可是找了半天，仍然一无所获。等这些人去吃饭的时候。木匠的孩子悄悄地进到屋子里，没一会工夫，他居然找到手表了！

木匠又高兴又惊奇地问孩子："你怎么找到的？"

小孩回答说："我只是静静地坐在地上，一会儿，我听到'滴答！滴答！'的声音，就知道手表在哪里了。"

智慧
隽语

    安静是我们最难学的功课，我们常不知不觉掉入整天团团转的光景。试着让自己每天的生活中有几分钟的安静，静静地坐着，享受那一份静谧和安详，你会获得许多的启发。

手的味道

我仔细瞧了瞧，掂了掂，张嘴咬了一口。阿威张大眼睛期待我的评语："你吃吃看，有没有'手'的味道?"

味道确实是棒极了，笋味香浓立刻透满两颊。

只不过，要回答这位艺术工作者所习惯提出的抽象问题并不容易。尤其当对象不只是一个热腾腾但不起眼的竹笋包，而是一段奇遇时。

遇到工作瓶颈的阿威，旅行散心去。当他饥肠辘辘途经竹山路边的一个小摊子时，便停下车来，向着飘来的热蒸气走过去。

"太太在前面卖，失明的先生在后面做。他专注地看着前方擀着面，熟练地把馅舀进手中的面皮，然后捏呀捏的。"阿威还原着当时的情景，也学着挤弄手中的竹笋包。"他不断地轻抚着包好的笋包，确认每一个皮上的褶纹。放进蒸笼时，他的墨镜底下，露出满意的笑容。"

"他的笑容、专注的神情和竹笋包特殊的风味，让我找到了答案。"

在工厂负责设计马克杯的阿威，一直怀疑在大量生产的作业线上，自己的创意究竟有什么用。他原本单纯地想：即使再简单便宜的东西，只要去多摸它一把或是多画它一笔，东西还是可以有全新的感受。反正让它不同就是了。

但考验随着时间出现。用心设计除了对自己可以交代，自己欣赏之外，买的人会懂吗？上司会知道吗？努力和不努力又有什么差别呢？价值不高，何苦来哉呢？

当工作中所追求的种种，一切因为熟悉到再无挑战性时，不少人心里便会有想"突破"的声音。但在环环相扣的人与事和作业流程中，萌生的创意灵感大多会遭无情地搓揉或压抑；因为求进步的动力，有时在现实中不见得会被感激。

于是，办公室的往来身影，有选择离开，为创新局而一搏的；也有人转移心力，把能耐全留给自己的生活；更多人则是选择了不应该也没必要的"麻痹"。之所以麻痹，是为了避免痛苦。曾听阿威在深夜路边嚷嚷着，大发醉酒牢骚："你知道吗？有时候，雄心是很折磨人的！"

追求自我实现和成就，并将它交给雄心，这样的目标理所当然。但从另外一方面来说，这其实也是一种自我捆绑——倘若在遇到困顿时无力松脱的话。

阿威说他不打算辞职，决定要在安定的环境中酝酿变化。但打算开一家茶艺馆，放一些他精心捏塑的陶壶什么的。

"店名就叫'手的味道'怎样？"

对于他的提议，我既紧张又期待。紧张的是，我自然得为艺术家的梦想入一份股；期待的是，他承诺店里的幽古陶茗旁，要配着笋味香浓的竹山竹笋包。

智慧
隽语

　　一如人生遭遇的所有问题，从没标准答案。能否顺利穿越困顿及之后的过度悲喜，全靠自己和来到眼前的机缘。就像那位失明的先生，即使缺陷的生命状态无可避免，但仍然可以选择自己坚持的过程和方式。只做选择而不强求，然后自成风景。

停顿的领悟

> 思想清朗而后言行平和，言行取决于心境，心境影响言行。
>
> ——[美国] 克 莱

我们常听人说："在人生的旅途上，别忘了驻足片刻，欣赏路边绽放的玫瑰。"但现代人忙碌得如陀螺打转，又有多少人曾放慢脚步，注意身旁美好的事物呢？我们脑里装的尽是排得密密麻麻的行程表，整日为工作烦心，还要被乌烟瘴气的交通搞得头顶冒烟，在这种情况下，我们几乎忘了身旁还有他人存在。

最糟糕的是，我也是属于这类庸庸碌碌、对生活失去敏感度的人，特别是在拥挤的街道上开车时更是如此。然而前一阵子我在街上目睹了一件事，霎时让我了解，在我封闭的世界外，原来有这么广阔的一片天地。

那天我开车赶赴一个会议，一路上我一直在构思发言的内容。当我开到一个交通繁忙的十字路口时，红灯突然转亮。我心想："没关系，待会儿速度加快点，就不会再碰到红灯了。"

就在我心浮气躁地加足马力，准备绿灯一亮就冲出去时，路旁一幅景象突然吸引了我的视线。一对双眼失明的年轻夫妇手挽着手，准备穿越这个车辆川流不息的路口。先生手上还牵了个小男孩，少妇背后则背了个婴

66

儿，他们拿着白色拐杖一步一步探着，小心翼翼地往前走。

初见这一幕我十分感动。在所有的残疾中，我总觉得失明是最不幸的，失明真是一大惨事，我不禁为自己庆幸着。就在此时，我见到了这家人离开了人行道，往路口中心的方向移动。对面的来车随时会将他们撞倒，但他们对自己所遇到的危险情况却浑然不知，我坐在车上替他们捏了一把冷汗，万一哪个司机闪避不及……

就当这一幕在我眼前发生时（我有全场最佳的视野），我见到了一件令人不敢置信的事：从四面八方开来的每辆车，都不约而同地停了下来。没有人鸣按喇叭表示不耐，也没有人火冒三丈地大叫："滚开，别挡路!"在这一刻，似乎一切都为这家人而静止。

我睁大眼睛，转头望望身旁的车辆，发现里面的驾驶员也都瞪大眼睛看着这一家人。突然我右边的驾驶员将头探出车外，对着他们大喊："往右走，往右走!"其他的人受了他的感染，也都跟着叫："往右，往右!"

这家人开始一步一步地调整自己的方向，在拐杖的扶持和众人的指示下，最后终于平安无事地到达路口的另一边。这时，他们仍是紧紧地手携着手，这一点带给我莫名的悸动。

我注意到这对夫妻脸上并无惊魂未定的表情，可见他们并不知道刚才的情况有多危急，然而目睹到这一幕的驾驶员们，都如释重负般地松了一口气。

最先见义勇为的那位先生转过头，隔着车窗对我说："刚才好险呀!"而我左边车道的女士只说了一句："真是不可思议。"显然所有的人都被这个偶发事件所感动，平时大家开车都是争先恐后，但遇到需要帮助的人，人们仍是会表现出人性善良的一面。

我后来常回想起这件事，同时也从中领悟了许多。我得到的第一个启示便是先前提过的"放慢脚步，关怀四周"（这是我以前常忽略的一点）。多抽点时间，仔细地瞧瞧身旁的人、事、物，也许你从某些细节里所得到

的体会，能让你的人生全部改观。

我领悟到的第二件事是，不管眼前有多大的阻碍，只要我们坚定信心，信任正确的引导，就能达到预定的目标。

这对失明夫妻的目标只是想穿过路口，而他们身旁却有着川流不息的车辆。但在毫无畏惧及怀疑的情况下，他们还是一步一步地到达了对街。

其实在我们的人生道路上，同样有相当多的艰险困难；我们若能信任自己的直觉，并接受"明眼人"的指导，自然能稳当地走到目的地。

将人生复杂化的我们，是当局者迷，看不清自己的作为。生活越复杂，越需要专注，可是出人意料的是，此时我们反而更加迷茫，常常失去判断力，比较容易犯错，于是再添迷茫，形成恶性循环。

不论是否自知迷茫，在这当口，我们完全使不上力，于是变得更霸道，最后（或立即）每况愈下。此时该停下来、清点内心、深呼吸几次、休息、听取他人意见、重新整理。

有时候我们就是需要如此，跳脱周围烦乱的世界，暂时让它自身边嘤嘤而过。记住，停顿是前进的动力。

不再盲目

愚者之所以成为愚者，在于固守己见而兴奋莫名。

——[法国] 蒙　田

美国开发初期，地广人稀，地价甚廉，当时土地的出售，是以一人一天所跑的范围为准。

因此有一个人付钱后就开始拼命奔跑，从清晨到中午，此人丝毫不敢休息，唯恐稍有松懈就损失一些土地。到了黄昏，眼看太阳就要下山，如果跑不回终点就要前功尽弃，因此他开始不要命地狂奔。

但是哪里想到，当他费尽千辛万苦跑到终点时，人也立即倒地，气绝身亡，卖主只好将他草草的就地埋葬，而他所占的不过就是一棺之地。

智慧
旁语

在目前的生活中，你是否正为一些目标而狂奔？能不能停下来自我整理一下，思考一下，为何要如此操劳？有没有可能做一些调整？生命本应该可以活得更好，不是吗？

人生的气息

你们得力在乎平静安稳。

——以赛亚

有几个老矿工，他们终日在极深的坑道中工作。有一天，矿灯竟因出现故障熄灭了。他们在惊慌之余，到处找出路，经过一阵混乱的摸索后，更弄不清楚方向，几个人走得精疲力竭，只好坐下来休息。

其中一个人建议说："与其这样盲目乱找，不如坐下来，看看是否能感觉到风的流动，因为风一定是从坑口吹来的。"

他们就在那里坐了很久很久，刚开始没有一点的感觉，可是一段时间后，他们心思变得很敏锐，逐渐感受到阵阵微弱的风轻抚脸上。他们顺着风的来处，终于找到出路了。

智慧 隽语

与其在慌乱中寻找人生出路，却一事无成，不如静下心来，让己心清明，使浮动的心灵沉淀下来，答案或许就呼之欲出。

曹源一滴水

　　日本明治初期，京都曹源寺有一位高僧叫做仪山。仪山和尚收了一个徒弟叫做"滴水"，这位"滴水"在仪山和尚熏陶之下，后来也成为日本有名的高僧。

　　有一天，仪山和尚要洗澡。

　　这时候，他发现浴池里面的水，烧得太烫，无法进去，他就唤来一个还在修行中的小和尚：

　　"太烫了，提一些冷水来冲一下。"

　　小和尚提了附近的水桶，想去提水，发现桶底留了一点水。

　　他把桶底的水倒掉后，想去提满新的水。

　　"你干什么?"

　　仪山和尚骂了一声。

　　那个小和尚，不晓得仪山和尚在骂什么，愣在那里不知如何是好。

　　当他打算走开，仪山和尚又大喝一声："你把水倒到哪里了?"

小和尚答道：

"我把它倒在院子里了。"

"真蠢！一滴水也珍贵无比呀，岂可浪费？你为什么不把它浇在树根？"

小和尚一连挨了两次骂，只有垂头承受的份，不过，他在心里有了悟道的欣喜——他发现"一滴水也有它的珍贵意义"这个真理。后来，他就为自己起了个名字，叫做"滴水"。

这件事，终生支配了这位和尚的心灵。由于他懂得从师父的斥骂中发现真理，所以，在佛教界成为跟仪山大师齐名的高僧，在很多信徒的心中，留下了深深的痕迹。

晚年，他写了这样一句话：

曹源一滴七十余年，受用无尽盖地盖天。

智慧
旁语

在生活中，我们往往忽略了一些非常微小的事物，对它们的价值视而不见。这使得我们难以敞开高傲的心，以谦卑开放的心灵看待世界。如此一来，我们眼中的世界将是不完整的。正所谓一滴水也有它的价值，学会珍惜微小的事物，体悟到它们的价值，正是对心灵的一种提升和超越。

水桶的故事

> 当人感到必须确定自己生活的意义时，不应只是客观地评定自己的功绩，还应自问自己被赋予的本质，能否完全地、纯粹地表现在生活和行为之中。
>
> ——［德国］黑 塞

一位挑水夫，有两个水桶，分别吊在扁担的两头，其中一个水桶有裂缝，另一个则完好无缺。在每趟长途的挑运之后，完好无缺的水桶，总是能将满满一桶水从溪边送到主人家中，但是有裂缝的水桶到达主人家时，却只剩下半桶水。

两年来，挑水夫就这样每天挑一桶半的水到主人家。当然好水桶对自己能够送满整桶水很感自豪。破水桶呢？对于自己的缺陷则非常羞愧，它为自己只能负起责任的一半，感到非常难过。饱尝了两年失败的苦楚，它终于忍不住，在小溪旁对挑水夫说："我很惭愧，必须向你道歉。""为什么呢？"挑水夫问道："你为什么觉得惭愧？"

"过去两年，因为水从我这边一路的漏，我只能送半桶水到你主人家，我的缺陷，使你做了全部的工，却只收到一半的成果。"破水桶说。挑水夫替破水桶感到难过，他蛮有爱心的说："我们回主人家的路上，我要你

留意路旁盛开的花朵。"

果真，他们走在山坡上，破水桶眼前一亮，看到缤纷的花朵，开满路的一旁，沐浴在温暖的阳光之下，这景象使它开心许多！但是，走到小路的尽头，它又难受了，因为一半的水又在路上漏掉了！破水桶再次向挑水夫道歉，挑水夫说："你有没有注意到小路两旁，只有你的那一边有花，好水桶的那一边却没有开花呢？我明白你有缺陷，因此我善加利用，在你那边的路旁撒了花种，每回我从溪边回来，你就替我浇了一路花！""两年来，这些美丽的花朵装饰了主人的餐桌。如果你不是这个样子，主人桌上也没有这么好看的花朵了！"

人就如同平凡的淤泥般诞生在世界上，但人们内在也蕴藏着一朵莲花——只不过它还是一颗种子罢了。但是人不应该因此而否认他存在的价值，他必须去接受并且蜕变自己的存在。这个世界不应该被拒绝，因为它的内在蕴含着某些优美无比的东西。那些东西并不存在于表面，它们必须被带到表面上来。

整修寺庙

有一个皇帝想要整修在京城里的一座寺庙，他派人去找技艺高超的设计师，希望能够将寺庙整修得美丽而庄严。

后来有两组人员被找来了，其中一组是京城里很有名的工匠，另外一组是几个和尚。由于皇帝没有办法判断到底哪一组人员的手艺比较好，于是他就决定给他们一个机会做出比较。

皇帝要求这两组人员，各自去整修一个小寺庙，而这两个寺庙互相面对面；三天之后，皇帝要来验收成果。

工匠们向皇帝要了100多种颜色的颜料（漆），又要了很多的工具；而让皇帝很奇怪的是，和尚们居然只要了一些抹布与水桶等简单的清洁用具。

三天之后，皇帝来验收两组人员装修寺庙的结果。他首先看到的是工匠们所装饰的寺庙，工匠们敲锣打鼓地庆祝着工程的完成，他们用了非常多的颜料，以非常精巧的手艺把寺庙装饰得五颜六色。皇帝很满意地点点

头，接着回过头来看看和尚们负责整修的寺庙，他看了一眼就愣住了。寺庙中非常干净，里面所有的物品都显出了它们原来的颜色，而它们光泽的表面就像镜子一般，无瑕地反射出外界的色彩，那天边多变的云彩、随风摇曳的树影，甚至是对面五颜六色的寺庙，都变成了这个寺庙美丽色彩的一部分，而这座寺庙只是宁静地接受这一切。皇帝被这庄严的寺庙深深地感动了，当然我们也知道最后的胜负了。

智慧
寄语

　　我们的心就像是一座寺庙，我们不需要用各种精巧的装饰来美化我们的心灵，我们需要的只是让内在原有的美，无瑕地显现出来。有些事，现在的你如果想不通，就别想了吧；有些人，现在的你如果无法面对，就别面对了吧；有些困扰，现在的你如果不能处理，就别处理了吧；有些情绪，现在的你如果不知如何分析，就别分析了吧。不想不理不是逃避，而是暂时让自己从烦恼里抽离出来。若再继续纠缠下去，恐怕只是让自己更深陷于一团乱局之中。再说，现在的你没有办法处理，不代表以后的你也对此无能为力。所以，你干脆把那些事那些人那些困扰和情绪暂时打包装箱，等到你有能力去解决的时候，再从容优雅地处理，毕竟时间的手不但会把你抚慰得更柔软更有智慧，也会在不知不觉之间把你曾经打包的东西悄悄松绑。

　　试试让自己远离这喧闹的城市，偶尔享受一下，让孤独与心灵做个沟通，毕竟孤独的越久，幸福的含义也越容易沉淀下来。

舍 得

这是一个有关一位流浪汉的波斯神秘主义的故事。

这个流浪汉在看不见尽头的路上长途跋涉，他背上背着一大袋沉重的沙子，一根装满水的粗管子缠在他身上。他右手托着一块奇形怪状的石头，左手拿着一块大圆石头，脖子上用一根旧绳子吊着一块大磨盘，脚腕上系着一条生锈的铁链，铁链上拴着大铁球。他头上顶着一个已腐烂发臭的大南瓜。这个流浪汉一步一步吃力地走着，每走一步，脚上的铁链就发出哗哗的响声。他呻吟着，他抱怨他的命运如此艰难，他抱怨疲惫在不停地折磨着他。正当他在炎炎烈日下艰难行走时，迎面来了一位农夫。农夫问："喂，疲倦的流浪人，为什么你不将手里的石头扔掉呢？"

"我真蠢,"流浪汉明白了,"我以前怎么没想到呢?"他摔掉了石头,觉得轻了许多。

不久,他在路上又遇到一位农夫。农夫问他:"告诉我,疲倦的先生,你为什么不把头上的烂南瓜扔了呢?你为什么要拖着那么重的铁链子呢?"

流浪汉答道:"我很高兴你能给我指出来。我没认识到我在做什么事。"他解开脚上的铁链子,把头上的烂南瓜扔到路边摔得稀烂。他又觉得轻了许多。但随着他继续往前走,他又感到了步履的艰难。

又有一位农夫从田里走来,见到流浪汉十分惊异:"啊,先生,你扛了一口袋沙子,可一路上有的是沙子;你带了一根大水管,好像要去穿越卡维尔大沙漠,可你瞧,路旁就有一条清澈的小溪,它已伴随着你走了很长一段了。"听到这些话,流浪汉又解下了大水管,倒掉了里面已经变了味的水。然后把口袋里的沙子倒进一个洞里。他站在路上,看着落日沉思。落日的余晖映照在他身上。突然他看到了脖子上挂着的磨盘,意识到正是这东西使他不能直起腰来走路。于是他解下磨盘,把它远远地扔进河里。他卸掉了所有负担,徘徊在傍晚凉爽的空气中,寻找住宿之处。

智慧
寄语

重大领悟往往发生在某人放下成见,用不同的观点看事情的那一刻。建立美好人生的过程也差不多;生命永远无法被充分讨论、彻底理解,只有实际活在个人的问题中,不断解开包袱、重整行囊,才有可能创造属于自己的生命。

解开包袱可以让我们发现新的部分,于是又有了崭新的自己。

　　不幸的是，在我们的成长过程中，很少有人学到重整行囊的知识和技巧。知道该带走什么，需要自觉；知道该放弃什么，需要训练。可是，一般而言这两者都是经由一连串的尝试和失败才可得来。如果没有技巧和方向，我们怎会知道该带多少东西上路？也就难怪有许多人因为带得太多而精疲力竭了。

当离家遇见出家

> 假如你正在失去悠闲，当心！也许你正在失去灵魂。
>
> ——[英国] 洛根·皮·史密斯

和大宝约谈节目合作的方案，照例盘算着要去哪家美味昂贵的餐厅才能打发他。但这次电话里他的回答令我诧异。

"不吃了，改去林口你家附近看夕阳怎样？听说那边的山路很美，值得绕绕。"

咦，这是我认识的午夜搭讪王子，兼名牌美食大王，兼KTV抢"麦"至尊吗？

车行穿越微风树影的山路，大宝看起来神情轻松，像是一部美国电影里描述离家出走的中年男子。

"那次离家往南投山里去，意外地认识一位在山中结庐修行的出家人，小住了几天。我们年纪差不多，说来有趣，当离家的人遇见出家的人，我的心灵竟然平生第一次平静下来。"

在事业和股市中悠游，就有可观收获的大宝，来往于铜臭味相投的朋友间，追逐着丰满且嬉闹的恋情。

"在车上醉了一夜醒来，只有一个念头：就是逃离这一切！但是，我

又能逃到哪儿去呢?"

很多人都有相同的经验,当工作和生活的心思接缝处出现裂隙,所有掩藏压抑的情绪便都一涌而出。这个时刻,朋友是唯一能止住和化解它的人。

但当所有的面容,都只能一同模糊于酒吧的歌声酒影中,或者只有"抱歉,我暂时不能接听电话"的电话留言,甚至事不关己的眼神表情时,无处解脱但再难麻痹的自己,渴切的心贴附着冰冷,恐怕也只有就此远离。

"出家人没对我说什么佛法,倒是我自吹自擂的毛病没改。直到他微笑地对我说:'别急,你不是想好好休息的吗?'我突然,忍不住哭了。"

"离开的时候,我们什么话也没说。有句话'朋友如镜',但如今,身边的镜子都蒙上厚厚的灰尘;而蒙尘的镜子,又能让自己照见几分?出家人什么也没做,山中的寂寞自己也别想唱歌或大醉;但这反倒让我清楚地看见自己,也看见生命真实的智慧,只存在于单纯之中。"

大宝确实变了,说的话比酒醒时还清醒。很少在和朋友相聚时,我一句话也插不上。

虽然他的话我不尽然全懂,但身为熟识的朋友,确实很难看到他舍华服而就素衫,绕林口而不打高尔夫球的。

我们静静地欣赏着夕阳风景。远方观音山的凌云禅寺,看起来很显眼。

智慧隽语

没有朴素,一个人就不可能是敏感的——对树,对鸟,对山,对风,对我们周围世界所发生着的一切事物;如果一个人不是朴素的,那么这个

81

人就不可能感知到事物的内在暗示。我们大多数人是如此浅薄地在我们意识的表层上生活着。

　　一个人必须具有重新调查研究所有这些事物的能力，因为只有凭借直接的体验，我们的问题才能被解决，而要有直接的体验，就必须要有朴素的心灵，这意味着领悟者必定具有敏感的特质。精神已被知识的重量，被过去和将来压得迟钝了。只有看到我们的环境在不断地将有力的影响和压力强加给我们，精神才能够不断地使自己适应于现实。

简约之魅

> 人生为千头万绪的繁复而耗尽。要简洁，要简洁。
>
> —— [美国] 亨利·梭罗

在集市上，有人看见苏格拉底正兴致勃勃地看着那些华丽俗气的奢侈品。他不解地问："先生，您也对这些东西感兴趣吗？"苏格拉底说："是啊，我感兴趣的是——这市场上有多少东西是我不需要的啊！"

智慧
隽语

是的，简洁朴实的生活是伟大的。过这种生活的人洒脱超然，不为任何繁复琐碎和吹毛求疵的羁绊束缚。

简洁应该成为我们每一个人的准则。因为在人生道路上，唯有奉行简洁的准则，才有可能避免误入阻碍我们成熟的岔路，陷入歧途。

就目前的潮流来看，无论是人际关系、社会结构或家庭关系，都同样有复杂化的趋势。然而，人们又不约而同地用一种简化的公式来处理这些关系。所以用"简洁"的态度来处理事务，不仅能得到事半功倍的效果，

同时也能将生活带入一种节奏明快的规律之中。

其实，使事物变得复杂是很容易的，但若想将事物简化成有条不紊的情况就要动动脑筋了！

你一旦奉行了简洁的准则，就会摆脱心灵受到的污染，摆脱使你的生活变得错综复杂的恼怒。简洁还意味着每次只确立一个目标，意味着你从此不再怨天尤人，意味着去做一切你力所能及的事。不再竭力效仿他人，不再想把自己变成他人。

简洁要求我们对待生活像你每天亲眼目睹的那样朴实无华，而不是梦幻生活该有怎样的色彩。简洁意味着心绪宁静，安宁应在你自己身上，而不是在数千里以外某个阳光灿烂的世外桃源中。

金鸟与银鸟

有一个樵夫，每天上山砍柴，日复一日，过着平凡的日子。

有一天，樵夫跟平常一样上山砍柴，在路上捡到一只受伤的银鸟，银鸟全身包裹着闪闪发光的银色羽毛，樵夫欣喜地说："啊，我一辈子从来没有看过这么漂亮的鸟！"于是他把银鸟带回家，专心替银鸟疗伤。

在疗伤的日子里，银鸟每天唱歌给樵夫听，樵夫过着快乐的日子。有一天，邻人看到樵夫的银鸟，告诉樵夫他看过金鸟，金鸟比银鸟漂亮上千倍，而且，歌也唱得比银鸟更好听。樵夫想着，原来还有金鸟啊！从此樵夫每天只想着金鸟，也不再仔细聆听银鸟清脆的歌声，日子过得越来越不快乐。有一天，樵夫坐在门外，望着金黄的夕阳，想着金鸟到底有多美。

此时，银鸟的伤口已经康复，准备离去。

银鸟飞到樵夫的身旁，最后一次唱歌给樵夫听，樵夫听完，只是很感慨地说："你的歌声虽然好听，但是比不上金鸟；你的羽毛虽然很漂亮，但是比不上金鸟的美丽。"

银鸟唱完歌，在樵夫身旁绕了三圈告别，向金黄的夕阳飞去。樵夫望着银鸟，突然发现银鸟在夕阳的照射下，变成美丽的金鸟；他梦寐以求的金鸟，就在那里，只是，金鸟已经飞走了，飞得远远的，再也不会回来。

人常常在不知不觉之中成了樵夫，自己却不知道。不知道……原来金鸟就在自己身边……

只希望大家都不要无意间变成了樵夫。

如果以后，在生活中看到了樵夫，那就将这篇寓言寄给他吧！

事实上，由于角度、方向各有不同，每个位子都能欣赏到别人看不到的东西。换句话说，所有的位子都是独一无二的，正如同树与花朵都各有特色一样。既是无可取代的，又哪来的好坏之分？

人之所以不快乐，大都出于对自己或者自己所处环境的不满。人一旦对自己不满时，往往会将视线投注到他人身上，去羡慕别人，从"我的世界"向外转移，而忽略自己所有的一切。

比较的心，就是审判的心，它从不踏稳脚下的实地，却幻想着遥远的天空。问一问不快乐的人，怎样才能让他们快乐，他们可能说不上来。他们相信，别人比他们活得更快乐，更顺心，更能掌握自己的人生；他们从来没想过，别人也同样会碰到难题。不错，别人也会碰到。

一袋宝石

一大早，太阳还没有出来，一个渔夫到了河边。在岸上他感觉到有什么东西在他的脚下，他低下头一看，原来是一小袋的石头。他捡起袋子，将渔网放在一旁，坐在岸边。他在等待黎明，以便开始一天的工作，他懒洋洋地从袋子里拿出一块石头丢进水里。没有其他事可做，他继续把石头一块一块地丢进水里。

慢慢地，太阳升起，大地重现光明，这时除了一块石头之外其他的石头都丢光了，最后一块石头在他的手里。当他借着白天的光看到了他手中所拿的东西时，他的心跳几乎都要停止了，那是一颗宝石！在黑暗中，他把整袋的宝石都丢光了！在不知不觉当中，他的损失不知道有多少！他充满懊悔，咒骂他自己，很伤心地哭得几乎失去理智。

他在无意间碰到的财富足够使他的生活好上几千倍，然而在不知不觉当中，在黑暗中，他又把它丢掉了。但是就某方面来讲，他还是幸运的：还有一颗宝石留下来，在他将那颗宝石丢掉之前，天已经亮了。一般来讲，大多数的人甚至还没有那么幸运。

　　周围一片漆黑，而时间又过得很快，太阳尚未升起我们就已经浪费掉所有生命中的宝石。生命是一个大的宝库，人类没有好好利用它，只是白白地将它浪费掉，等到我们知道了生命的重要性时，我们已经将时光消磨殆尽。生活的奥秘、快乐、自由———一切都丢尽了，而一个人的一生就这样过去了。

自我品质

> 人向自己述说，向自己讲解，向自己叫喊，身外的寂静却依然如故。有一种大声的喧哗：除口以外一切都在我们的心里说话。心灵的存在并不因其完全无形无体而减少其真实性。
>
> —— [法国] 雨 果

有一个朋友，他有一只小猫，一只非常漂亮的小猫，他问我应该给这只小猫取个什么名字。我说叫它"自我"吧，因为自我非常狡猾，而猫当然是狡猾的，没有东西像猫那么狡猾。所以，他就把他的猫叫做"自我"。

但是渐渐地，他觉得腻了。他是一个孤独的人，一个单身汉，没有妻子，没有孩子。他总想一个人待着，而那只猫老是打扰他。他想睡觉，它就跳到他的胸上。有时候它进来，爪子上都是血迹，弄脏了坐椅和他的衣服，因为它一直在抓老鼠，所以它成了他的麻烦。对一个从来没有照顾过任何人的单身汉来说，它比一个妻子还要麻烦。他问我该怎么办，这个"自我"已经变成了一个麻烦。所以我就告诉他："自我总是一个麻烦。你去把它扔了。"

他说："但是它认识镇上所有的路，它会回来的。"

我告诉他："你带它到森林里去。"

于是他就跑到森林里去，好让猫找不到回家的路。他一直往里面走、往里面走——后来他迷路了！看来只有一件事情可以做：他让猫走，然后跟着它回到家里。那是唯一的办法，因为那里没有其他人可以问路。而那只猫像箭一样准确地回到家里，毫不犹豫应该走哪一条路。

于是我告诉他："你的猫完美地具有自我的品质，你无法轻易地扔掉它。不管你跑到什么地方去扔它，当你回到家里的时候，它已经在那里了。或者有时候，你走迷了路，那么你还不得不跟着它，因为只有它认识路。"

智慧隽语

我们都是魔术师，不断变换着脸谱，不久，我们就在伪装技巧的自豪中迷失了真我。在人类的本性中渴望满足我们动物本能的想法是积极的，但是人类应该尽力为善。人并不是由于接受了善而增加了他的财富，使他成为重要人物，被称为贤人，善不会使他富有，不会使他有势力。尽力为善可能并不会为他带来荣誉，实际上反而很可能使人遭受凌辱和轻蔑，在自然的王国里对善的完全理解是不可能的。善在于实现自身普遍、永久的人性，堕落就在于没有实现普遍的人性，所有这些都将是没有意义的，除非人有一个精神的本性超越并凌驾于他的物质的本性之上。

人类力求从一种本性到达另一种本性，只有当他的探求超出个人的倾向时，他的科学才被建立在普遍的知识上；只有当他的努力使他超

越了全部个人的兴趣和通常习惯的惰性时，他才能成为一个"世界之作者"；只有当他的爱胜过对自我享乐的追求时，人才能变成一个伟大的灵魂——与一切生物断绝了联系。人的一种本性使他失色，另一种本性给他以自由。

最后的晚餐

> 你要守住你的心，胜过守住一切。因为一生的效果，是由心发出的。
>
> **——佚 名**

　　据说，达·芬奇在绘制那幅有名的《最后的晚餐》时，曾在米兰大教堂找来一个年轻潇洒的唱诗班男子，他有一双明亮的眼睛和一副温柔善良的面孔，达·芬奇以他为画耶稣像的模特儿。

　　多年后，这幅画迟迟没有完成。有一天，他路过贫民区的一家小酒吧门口，一个人站在那里，那人的眼睛充满诡诈、狡猾，还有一脸的贪婪，满身都是酒味。他终于找到了一个完全合他意的人，这人十足是犹大的翻版（犹大是出卖耶稣的门徒）。

　　达·芬奇以给他报酬为条件，很快地吸引那人来到画室，他预备以那人为画犹大的模特儿。

　　当摆好姿势正要开始作画时，达·芬奇好奇地问道："我们是否曾见过面?"一阵沉默后，那人扭捏地说："是的，几年前我就是你画耶稣时的模特儿……"

智慧
寄语

　　这是一个值得深思的故事，你现在和以前的光景有何不同？是更好呢，还是更差呢？同样的一个人，经过岁月的洗礼，会有不同的面貌。看看镜子中的你，现在还是有机会可以调整及改善的。

纯金佛像

> 我的秘密非常简单：肉眼只能见到表面；唯有用心，才能将一切看清。
>
> ——[法国] 安东尼·圣艾修伯里

1988 年秋天，我和妻子乔琪亚应邀到香港，在一项研讨个人能力发展的会议上发表演说。由于这是我们首次造访远东地区，我们决定加长行程，到泰国一游。

抵达曼谷后，我们决定先参观市区内一些颇负盛名的庙宇。那天在翻译人员和司机的陪同下，我们看遍了大大小小的庙宇，脑中充满了金碧辉煌的印象。但不久之后，这些庙宇就从记忆中淡去。

然而，有一座叫做金佛寺的庙宇，却留给我无法磨灭的深刻印象。

这座庙宇占地不大，面积大约只有 10 平方米。我们一进入庙内，眼前便赫然出现一座 3 米半高，全身由黄金打造的实心佛像，重达 2.5 吨，价值约在 1.96 亿美元。当我抬头望着这尊慈祥中带着庄严的黄金佛像时，心中不禁有股莫名的震撼。

当其他游客忙着拍照，或是望着佛像啧啧称奇时，我在旁边的玻璃展示柜中看到一块 8 寸厚、20 寸宽的土块，根据一旁的文字说明，我才知道这块土块背后有一段感人的历史。

1957 年，由于泰国政府决定在曼谷市内兴建高速公路，位于路段上的某间寺庙因此被迫迁移。寺内的和尚只得将庙中的土造佛像放置到其他地点，但这座佛像体积庞大，重量惊人，所以在搬运的过程中开始出现了裂缝，更糟的是，此时又下起滂沱大雨，寺内的老和尚为了不让神圣的佛像再受到损害，便决定先将佛像放回原地，然后用大型的帆布覆盖，以免遭受雨水的侵袭。

那天傍晚，老和尚拿着手电筒，掀开帆布检查，看看佛像有没有被雨水淋湿。灯光照到裂缝处时，他发现那里反射回一道怪异的光芒，老和尚趋前仔细检查后，怀疑这层土块内藏有别的东西。他回庙中取来了凿子和榔头，小心翼翼地开始敲打佛像表面。当他敲掉第一块土块时，惊异地发现金光闪闪的物体。老和尚加快了动作，但也费了好几个小时的苦功，才让这座纯金打造的佛像重见天日。

根据历史学家的说法，几百年前，缅甸军队曾出兵攻打当时称为暹罗的泰国，当时的暹罗和尚知道敌军即将来袭后，便在珍贵的黄金佛像表面上覆盖泥土，以免宝物被缅甸军队掠夺。据说这些和尚后来全被入侵者杀害，然而庆幸的是，这座价值连城的佛像被完整地保存下来，直到 1957 年才被后人再次发掘。

直到回到家中，我仍然难以忘记这次奇妙的泰国之旅。

智慧
旁语

其实我们都像那座泥佛像，裹上一层厚厚的壳，从小开始，我们就

学会了将内心中那个如黄金般纯真的自我隐藏起来，现在我们该做的便是像老和尚一样，拿把凿子和榔头，敲掉层层的防卫，重新展现纯真的本质。

傲世轻物

从前有一只蚂蚁，它力气很大，开天辟地以来，像这样的蚂蚁大力士还不曾有过，它能够毫不费力地背上两颗麦粒。若论勇敢，它的勇气也是前所未有的：它能像老虎钳似的一口咬住蛆虫，而且常常单枪匹马地和一只蜘蛛作战。它不久就在蚁穴之内声名大噪，蚂蚁们的话题几乎都离不了这位大力士。

后来，这只蚂蚁大力士的头脑里塞满颂扬的话，因此它一心想到城市里去一显身手，到城市里去博得大力士的名声。有一天，它爬上最大的干草车，坐在赶车人的身旁，像个大王似的进城去了。

然而，满腔希望的蚂蚁大力士在城里碰了一鼻子的灰！它以为人们会从四面八方赶来，可是不然！它发觉大家根本不理会它：城里人个个忙着自己的事情。蚂蚁大力士找到一片树叶，在地上把树叶拖呀拖的，它机灵地翻筋斗，敏捷地跳跃，可是没有人瞧，也没有人注意。所以，当它尽其所能地耍过了武艺却无人关注后，便怨天尤人地说道：

"我觉得城里人都是糊涂和盲目的，难道是我不可理喻吗？我表现了

种种武艺，怎么没有人给我以应得的重视呢？如果你上我们这儿来，我想你就会知道，我在全蚁穴是赫赫有名的。"

那天回家时，蚂蚁大力士就变得聪明些了。

智慧 隽语

聪明的蠢材就是这样没有自知之明，自以为名满天下，恍然大悟时才知道自己的名声仅仅限于蚁穴的范围而已。

自豪——一旦它与骄狂、偏见及狭隘同行，一旦它与同情、谦逊及友谊分手，就成了一种消极的品质。这种虚幻的自豪感是褊狭、傲慢和无知——对创造性生活的无知，对朴实、谦恭和果敢的无知。

人能通过积极思维和想象力找到自己的理想和目标。而妄自尊大意味着人只是在运用扭曲了的想象，这种充满谬误的想象伤害他人，同时也在无形之中伤害了自己。

妄自尊大的悲剧在于：它阻止人们达到完美和正直的高度。试问，你能在妄自尊大的同时怀有真正的自尊吗？不能！你能在妄自尊大的同时拥有对他人的理解吗？也不能！

真正的自豪感来自对自己的理解，这是一种由成功和谦恭给合成的幸福。

平易中的尊严

有一次，亨利·福特到英格兰去。在机场问讯处他要找当地最便宜的旅馆。接待员看了看他——这是张著名的脸。全世界都知道亨利·福特。就在前一天，报纸上还有他的大幅照片说他要来了。现在他在这儿，穿着一件像他一样老的外套，要最便宜的旅馆。

所以接待员说："要是我没搞错的话，你就是亨利·福特先生。我记得很清楚，我看到过你的照片。"

那人说："是的。"

这使接待员非常疑惑，他说："你穿着一件看起来像你一样老的外套，要最便宜的旅馆。我也曾见过你的儿子上这儿来，他总是询问最好的旅馆，他穿的是最好的衣服。"

亨利·福特说："是啊，我儿子是好出风头的，他还没适应生活。对我而言没必要住在昂贵的旅馆里，我在哪儿都是亨利·福特。即便是住在最便宜的旅馆里我也是亨利·福特，这没什么两样。这件外套，是的，这是我父亲的——但这没有关系，我不需要新衣服。我是亨利·福特，不管

我穿什么样的衣服，即使我赤裸裸地站着，我也是亨利·福特，这根本没关系。"

智慧
旁语

你是否观察过你自己？你总是力图显示你的智慧，总是在寻找一个受害者，你可向他显示你的智慧的受害者，你找啊，找啊，找比你弱的人——然后你就欣然加入，你会显示你的智慧。

莫为夸耀自己的长处而去形容人家的短处，也可以说，凡事须为人留颜面，莫使他人因此而丢脸。

人多少都有点自我主义，这可说是人性的缺点之一。喜欢炫耀自己的长处，甚至提起他人的短处加虐于别人以自娱。人类实在是残忍的动物。

自己的优点固然值得自傲，但自傲应仅止于自傲，切勿起炫耀之心，而对于他人的短处却应视若无睹。

过度的自傲，只会引起他人的憎恶。

"如果没有那种习惯，他会是一个很有魅力的人"。许多人常会这样为好以己长形人之短的人叹息。

人性中的确存在傲慢的本质，但应适可而止，否则只会为人所厌恶，永远无法得到他人的敬重。

懂得自制

自我克制不是否定整个自我，只是拒绝你的兽性本质。

—— [美国] 卡本特

有一次，美国南北战争时的名将罗伯特·李参加一个朋友孩子的洗礼，孩子的母亲请他说几句话，作为孩子漫长人生旅途中的准则。

李将军的答案，是把带领自己历经征战苦难，以至最后荣获美国历史上崇高地位的准则，归纳成一句极简短的话："教他懂得如何自制！"

智慧
箴语

从这样一位伟大的军人口中吐出"自制"这训言，岂不出乎人们意料之外？人们会想，孩子的年轻母亲听了这话，不知将有什么感触。甚至再进一步，有人会怀疑，这忠告会不会使今天的父母感到震惊？

这些年来，无论是对我们自己，或对我们的孩子，人们已经不再强调要如何自制。相反，我们非常注意自己的需要。我们似乎觉得这世界亏欠我们许多美好的东西，如果我们不去争取，那么就虚度此生了。自律使人

嫌烦，结果我们几乎赢得了一个不受欢迎的名声——这是一个儿时被宠坏，长大后不知满足的人。

学习如何处世，并体认这世界对我们的要求，恐怕要比我们要求世界如何如何更重要。这是很艰深的一堂课。如果不具有这种特质，那么无论在道德上，还是在智能上，都会显得萎靡不振，这是个人与国家的致命伤！

眼前的世界要比李将军所处的时代好得多，因为现在我们可以碰到许多机会，可是比这些机会更重要的是，我们也会碰到很多的危险，放纵自溺的人没法在这场斗争中取胜，所以我们必须先温习李将军留下的教训。

要自制！这样做，我们会丧失许多使我们欢喜的，又好又舒服的享受。可是这样，我们可以致力于比满足自己欲望更伟大崇高的事业，因此最后，我们也得以趋向伟大！

以自我为中心

假如说成功是有秘诀的，那就是要具备体谅别人立场的能力。也就是以自己的立场观察，以别人的立场思考的能力。

——［美国］亨利·福特

一名教徒来到了先知面前，问道："地狱在哪儿？天堂又在哪儿？"先知没有回答他，而是拉着他的手，领着他穿过了一个黑暗的地道，打开了一扇铁门，走进一间挤满了人的大屋。屋子当中，在一个熊熊燃烧着的火堆上，吊着一个大汤锅，锅里的汤飘散着令人垂涎的香味。汤锅的周围，挤满了面黄肌瘦的人们。他们互不相让，都想得到锅里的汤。他们每个人手里都拿着一个好几尺长的大汤勺。勺子舀汤的一端是铁碗，勺把则是木制的，免得烫手。这些饥饿的人们围着汤锅贪婪地舀着。由于汤勺的柄非常长，一勺汤又非常重，即使是身强力壮的人也不可能把汤喝进自己嘴里。而不得要领的那些人，不仅烫了自己的胳膊和脸，还把身边的人也烫伤了。于是，他们互相责骂，进而大打出手。先知对教徒说："这就是地狱！"然后，他们离开了这间屋子，很快就再也听不到身后可怕的叫声了。他们在一条黑暗的过道里走了好一阵子，来到了另一间屋子。同前面一样，屋子中间有一个热汤锅，许多人围坐在旁边。每个人手里都拿着长柄

汤勺，跟刚才在地狱里看到的一样。但是，这里的人很有教养，锅旁总保持两个人，一个舀汤，让另一个人喝。如果舀汤的人累了，另一个人就会拿着汤勺来帮忙。这样每个人都能心平气和地吃到东西。先知对教徒说："这就是天堂！"

每个人都有以自我为中心的意识，而这种意识也就成为体谅别人的障碍。要求那些在任何场合中，都只感觉到自己的存在，而常常忽略别人的人体谅别人的立场，简直太难了。他们以自我为中心的倾向很强烈，所以，他们要改善自己的人际关系，必须先压制这种倾向。

人们在日常生活中应仔细观察周围的人，时常在脑海中假设他人的心理与行为，不管发生任何状况，都应考虑到别人的感受。

此外，脑海中必须常有这种想法：如果我是他的话，这件事我将如何处理？这样就常可意外地体会出解决问题的方法。

假如你有这样的耐性，那么即使原本非常惹你讨厌的人，甚至是被你被列为拒绝往来的对象，也可能因你对他的了解，而改变你们之间的关系。

奇妙的石头

　　有一个装扮奇特的人来到一个小村庄，他向迎面而来的几位妇女说："我有一颗神奇的汤石，如果将它放入烧开的水中，会立刻变出一锅美味的汤来。如果你们不相信，我现在就煮给大家喝喝看。"

　　于是，有人找了一口大锅，又有人提了一桶水，并且架上炉子和木柴，就在村子的广场煮了起来。

　　这个陌生人很小心地把汤石放入滚烫的锅中，然后用汤匙尝了一口，很兴奋地说："哇！太美了，如果再加一点洋葱就更好了。"立刻有人跑回家拿了一堆洋葱加入汤里。然后，陌生人又尝了一口，"太棒了，如果再放些肉片就完美了。"陌生人又建议道。

　　在陌生人的指挥下，有人拿了盐、有人拿了酱油、也有人捧来其他的材料。当大家一人一碗蹲在那里享用时，他们发现这真是天底下最美味好喝的汤。

智慧
旁语

　　那不过是陌生人在路边随手捡到的一颗普通石头。其实只要我们愿意，每个人都可以煮出一锅如此美味的汤来。当你贡献自己的一份力量时，众志成城，汤石就在每个人的心中。

以己之道，还施己身

狼从树林里冲出来，经过村庄。为了保全性命，它惶恐地奔跑，猎人和大群猎狗从后面紧紧地追上来。

它本来想随便溜进哪一家去躲藏，然而家家户户的门都关着。它看见一只猫蹲在院子的篱笆上，就向猫哀求道：

"求求你，请你告诉我，这儿的农夫谁最和善，谁肯搭救我，让我躲避凶恶的敌人？你听听好可怕的号角声，那狗叫声，它们都是在追我呀！"

"如果我是你，我就去求斯杰潘，再也没有比他更和善的人了。是的，斯杰潘一定会帮忙的！"

"是吗？可是我以前偷过他一只羊。"

"那么到杰米扬那儿去试试看。"

"我恐怕杰米扬也要跟我生气，不久以前我逮过他的山羊。"

"那么，赶快到隔壁的特罗菲姆那儿去吧。"

"到特罗菲姆那儿去？我不敢去，唉，自从去年春天以来，他一直在逼我还他的小羊羔呢。"

"那真是糟了！你不妨到克里姆那儿去碰碰运气。"

"唉，我偷过克里姆的牛，而且把牛吃掉了。"

"这样看起来，我的朋友，没有一家你不曾得罪过。"猫对颤抖着的狼说道："你在这儿大概是不会得到保护的了！'种瓜得瓜，种豆得豆'，你做了恶事，就得收恶果！"

智慧寄语

几千年来，人类把一条黄金法则当成行为的准则。这项法则是：种什么因，收什么果。你如何对待别人，你种的是善因或恶因，最后都会报应到你自己的身上。如果你欺负别人，根据黄金法则，最后你自己会尝到恶果。

为别人提供有益的服务，善意地对待别人，对自己一定会有帮助。相反，处心积虑地伤害别人，自己也得不到内心的平静。

你就像一块磁铁，吸引思想相近、志同道合的人，排斥其他不同类的人。如果你想要结交仁慈、慷慨、成功的人，自己必须先成为这样的一个人。只有你自己能够选择所走的道路。

朋友贵相知

> 谁要是在世界上遇到过一次友爱的心，体会过肝胆相照的境界，谁就尝到了天上人间的欢乐——值得终身为之苦恼的欢乐。
>
> ——［法国］罗曼·罗兰

有一个叫皮西厄斯的年轻人，他做了一些触犯暴君奥尼修斯的事。他被投进了监狱，等待处死。皮西厄斯说："我只有一个请求，让我回家乡一趟，向我热爱的人们告别，然后我一定回来伏法。"

暴君听完，笑了起来。

"我怎么能知道你会遵守诺言呢？"他说："你只是想骗我，想逃命。"

这时，一个名叫达芒的年轻人说："噢，国王！把我关进监狱，代替我的朋友皮西厄斯，让他回家乡看看，料理一下事情，向朋友们告别。我知道他一定会回来的，因为他是一个从不失信的人。假如他在您规定的时间没有回来，我情愿替他死。"

暴君很惊讶，居然有人这样自告奋勇。最后他同意让皮西厄斯回家，并下令把达芒关进监牢。

光阴流逝。不久，处死皮西厄斯的日期临近了，他却还没有回来。暴君命令狱吏严密看守达芒，别让他逃掉。可是达芒并没有打算逃跑。他始终相信他的朋友是诚实而守信用的。他说："如果皮西厄斯不准时回来，那也不是他的错。那一定是因为他身不由己，受了阻碍不能回来。"

这一天终于到了。达芒做好了死的准备。他对朋友的信赖依然坚定不移。他说，为自己深爱的人去受苦，他不悲伤。

狱吏前来带他去刑场。就在这时，皮西厄斯出现在门口。暴风雨和船只遇难使他耽搁。他一直担心自己来得太晚。他亲热地向达芒致意，然后转向狱吏。他很高兴，因为他终于准时回来了。

暴君还不算太坏，还能看到别人的美德。他认为，像达芒和皮西厄斯这样互相热爱、互相信赖的人不应该受不公正的惩罚。于是，就把他俩释放了。

"我愿意用我的全部财产，换取这样一位朋友。"他说。

尊重别人，为别人着想的人，自然能与人相处融洽。一个成功的人，也许会有许多相识的人，却只有少数几个朋友。

朋友是了解你和爱你的人。当你快乐时，他们由衷为你快乐，当你有困难时，他们始终不离弃你。

我们在生活中不时会受到打击。这时，唯一支撑我们使我们能活下去的信念，便是知道有人关心我们。

友谊跟感恩一样，它不是自动来的。它是我们把自己交付给所爱的人的结果。没有比这种报酬率更高的投资。同样的，你努力追求到的名与利，若没有人跟你分享，是毫无价值的，因此建立自尊，要从培养友谊着手。

爱因斯坦曾说过："世界上最美好的东西，莫过于有几个头脑和心地都很正直的真正的朋友。"

偿 还

人活在大地上的目的，就是要与永恒和谐共存。只有如此，爱与智慧之流才能像穿过明亮的通道一样，在人的身上流过。

—— [英国] 马洛利

史怀哲博士有"世纪伟人"之称。

他是德国哲学家、医师及音乐理论家，曾经在非洲从事医疗工作，荣获 1963 年诺贝尔和平奖。他深爱人类的心，以及彻底无私的奉献行为，无不令人衷心感动。

这个故事发生在史怀哲博士年少的时候。

有一天，他跟一个朋友做角力比赛，几次相扑之后，他把那个朋友摔倒在地而获胜。

他那个被摔倒的朋友，拍拍沾了泥土的肩膀，悔恨不已地说：

"我要是像你那样能够天天吃肉，可就绝对不会输给你了，真是的。"

这句话，重重地击中了史怀哲的心怀。的确，他那位朋友的家，穷困不堪，一天三餐，吃的都是一小片面包和找不出肉片的汤，难得有一顿饭是吃得饱饱的。

跟他一比，我是何等幸运。我每天可以吃肉，三餐要什么有什么，每餐都吃得很饱。

史怀哲想：

那些肉啦，那些菜肴啦，是不是靠我的能力得来？不，绝不。那些东西，全是父母供给的，而我跟他角力所以能够获胜，也是肉类赐给我的力量所致，绝不是凭自己的能力得来的。

史怀哲把那位朋友的话，一直深藏在心灵深处，未曾遗忘。

我是什么？迄今为止，一直认为是我自己的力量的那种东西，又是什么？那不都是别人赐给我的吗？我能够天天上学，目前，又能过着温饱的生活，能够衣食无忧，不都是别人赐给我的吗？对施与的东西，当然要设法偿还，而且必须偿还得比自己所得的更多！

当史怀哲继承了父母的财产，他连一个子儿的钱都不占为己有。

（财产也是被施与的，既然如此，我必须把它偿还给社会。把它用在人类身上，还给世人才是……）

他的决心，坚定不移。在为非洲人治病的时候，他的心中，还经常忆起那位朋友的那句话。他把余生奉献给人类的行为，说来，是由那位朋友的一句话引发出来的。

智慧
旁语

我们生活在世间必有价值，也必有使命。因为你伸出来的一双温暖的手，将让这世界少了一个哭泣的人。看看四周，一定有你可以帮上忙的地方。

感 恩

> 请记住，人是为别人而生存的。我的精神生活和物质生活都依赖着别人的劳动，我必须以同样的分量来报偿我所领受了的和正在领受的东西。
>
> ——［美国］爱因斯坦

一次，古罗马众神决定举行一次欢迎会，邀请全体美德神参加。真、善、美、诚以及各大小美德神都应邀出席。他们和睦相处，友好地谈论着，玩得很痛快。

但是主神朱庇特注意到：有两位客人互相回避，不肯接近。主神向信使神秘库瑞述说了这一情况，要他去看看这是什么原因。信使神立即将这两位客人带到一起，并给他们介绍起来。

"你们两位以前从未见过面吗？"信使神问。

"没有，从来没有。"一位客人说，"我叫慷慨。"

"久仰，久仰！"另一位客人说，"我叫感恩。"

　　正如这个故事揭示的：生活中慷慨的行为总是难以得到真诚的感恩。事实上，我们每个人每天的生活都在仰赖着他人的奉献，只是很少有人会想到这一点。

　　世界上最大的悲剧要算一个人大言不惭地说："没有人给过我任何东西！"这种人不论是穷人或富人，他的灵魂必然是贫乏的。

　　有良知的人，当他们意识到生活的赐予有多丰厚时，他们会真正地谦卑起来。他们感激别人对他们的生活所作的贡献。当一个人记起了信心、梦想和希望是促使他生活下去的原因时，他就会伟大而谦卑。任何人以自己的成功为荣时，都应该想起他从前人处接受的东西有多少。前人的伟大为他的生活设定了方向。他所能做的便是实现前人的梦想。

　　不错，感激不是自动来的，它是培养出来的，许多人从未真正感觉到它或将它表示出来。由于我们只注意我们需要什么，导致我们很少去注意这些东西是从哪里来的。如果你要拥有美好的生活，就应培养感恩的心。

阿婆的店

阿婆的店开在乡下的小街上，小小的街，只有这么一家小小的杂货店。阿婆从早忙到晚，忙得非常的起劲，也非常的快乐。

阿婆的店开得很久很久了，究竟开了多久，小街上几乎没有一个人说得上来。小街上许多人都说，他们从很小很小的时候，就在阿婆的店里买糖果、买乌糖、买鸡蛋、买肥皂。买到现在，连他们自己都快要变成阿公、阿婆了。

日子一天天地过去，现在阿婆已经老了，老得眼睛模糊不清，手脚行动缓慢，走路一摇一晃，更糟的是，老得记忆不清，总是走到哪，忘到哪。"阿婆，你的砂糖一斤卖多少钱呢？"

"让我想想看，好像是1.2元吧。不，不，好像是2.5元钱。哦，1.8元，1.8元一斤，准错不了。"

"阿婆，我要买花生米，一斤多少钱？"

"1.4元。1.4元。"

"花生米哪有这么便宜？是不是一斤3元才对，你记错了吧？"

"是，是。3元。真的没错，是3元。"

"啊，阿婆，你找错钱啦，你应该找5元钱给我，怎么给我55元？多找了啦！"

"唉，真的错了。我赶快再补50元给你。什么？不是我得再补给你，而是你得退给我？你可不要弄错呀！"

每天每天，都有这样的情形出现，很多人替阿婆担心，怕她记错价格找错钱，做生意不但赚不到钱还得赔老本，但阿婆总是笑呵呵地说："有赚，赚许多，赚许多。"

村子里的李老师是阿婆的忘年交，她常常乘着到学生家做家访或是到街上买东西的时候到阿婆的店里来坐坐，和阿婆聊聊天。她非常担心阿婆的店开不下去。

例如，有一天她在店里才坐10分钟，就看到阿婆不止三四次的卖东西找错钱，甚至还把50元钱当10元钱找出去。

"阿婆，你能不能不再做生意啦？我看你这样做生意迟早会把老本都赔光。"李老师好意地劝。

"我没赔，我赚很多了。不相信，你看看我的账本。"阿婆从抽屉里拿出一本黑黑的、油油的、破得连四个角都磨秃了的本子给李老师看。

这是什么样的账本呀？李老师简直看花了眼睛。从第一页到最后一页，每页都写满了"一"这个字，写得密密麻麻。"我看不太懂。阿婆，你解释给我听好不好？"

"哈哈哈，你们这些读书人，只会教人读书，当然看不懂啦。"

阿婆笑得眼睛眯成了缝，一面笑，一面解释："你瞧，这每一页除了记账，中间还有一条线，看到没有？"果真，每一页的中央真的有一条长长的横线，像一条河似的，把一页隔成上半部和下半部两个部分。"你仔细数一数，每一页上面记的账多，还是下面记的账多？"

"什么意思？"

"啊，我说的账，就是这个啦，这是我发明的字，你当然看不懂。"阿婆指着簿子上那些"一"字继续地说："这本账本每一页记录了一天的收支情况，每一笔账就代表一件事。每天我的店里头都发生很多事，如果是快乐的事，我就把账记在线的上面。如果是不快乐的事，我就把账记在线的下面。你数数看，每天快乐的事，是不是比不快乐的事多许多？你说，我开这个小店，不是天天赚得很多吗？"

"哇，原来如此！"李老师的眼睛瞪得大大的，她从第一页一直往下翻。果真，每天在线上头的"帐"都远远多于线下头的。有时候一整天中，只见线的上头记得满满的连一个空位子都没有，线下头却连一笔也没有。

李老师想，那一天阿婆真还是赚足了！

"我真高兴你的店赚这么多的钱。"李老师把账本还给阿婆，"可是我还是有一点不明白，什么是店里头快乐的事？什么是店里头不快乐的事呀？你能不能向我说明白一点？"

"喔，这还不简单呀？你真是个只会读书的读书人，我来说给你听听吧。例如，我把一斤3元的米当做一斤1元钱的米卖，客人赶快再补2元钱还给我，这就是很快乐的事。我多找了3元钱给客人，客人立刻把钱送回来，这也是很快乐的事，客人看到我扛不动米，帮我扛，看到我忙不过来就替我做这做那，都是快乐的事，统统要一笔一笔记录下来。但是也有不快乐的，哈，有一个人就总是当我是一个老糊涂，买东西不给钱，说是待会儿就会把钱送来，却一次又一次都没还钱，还当做没这回事，多带走一包绿豆，一罐可乐，一包砂糖。他每带一回，我就记一次不快乐。同样吃一种米，总是会养出一百种，一千种不同的人的。还好，天天算下来，都是快乐占多数，不快乐占少数。我用算盘算一算，觉得我的店不但赚，而且还是越来越赚，越赚越多，我的快乐也越积越多，我早已变成世界上拥有快乐最多的人了！这样的店，我怎么舍得把它关起来呀！"

智慧
寄语

我们非常容易忽略周围一切细微的事物，其实生活的环境中皆隐藏着许多美妙的事物。打开心灵的眼睛，学习细观四周的人、事、物，你将会有更深入而奇妙的体验。

手中的快乐

> 如果我们追求的享乐要以损害美德为代价，那就是罪恶。
>
> ——[苏格兰]大卫·休谟

从前，在迪河河畔住着一个磨坊主，他是英格兰最快活的人。他从早到晚总是忙忙碌碌，同时像云雀一样快活地唱歌。他是那样的乐观，以致其他人都乐观起来。这一带的人都喜欢谈论他愉快的生活方式。终于，国王听说了他。

"我要去找这个奇怪的磨坊主谈谈，"他说，"也许他会告诉我怎样才能快乐。"

他一迈进磨坊，就听到磨坊主在唱：

"我不羡慕任何人，不，不羡慕，

因为我要多快活就有多快活。"

"我的朋友，"国王说，"我羡慕你，只要我能像你那样无忧无虑，我愿意和你换个位置。"

磨坊主笑了，给国王鞠了一躬。

"我肯定不和您调换位置，国王陛下。"他说。

"那么，告诉我，"国王说，"什么使你在这个满是灰尘的磨坊里如此高兴、快活呢？而我，身为国王，每天都忧心忡忡，烦闷苦恼。"

　　磨坊主又笑了，说道："我不知道你为什么忧郁，但是我能简单地告诉你，我为什么高兴。我自食其力，我爱我的妻子和孩子，我爱我的朋友们。他们也爱我。我不欠任何人的钱。我为什么不应当快活呢？这里有这条迪河，每天它使我的磨坊运转，磨坊把谷物磨成面，养育我的妻子、孩子和我。"

　　"不要再说了。"国王说，"我羡慕你，你这顶落满灰尘的帽子比我这顶金冠更值钱。你的磨坊给你带来的，要比我的王国给我带来的还多。如果有更多的人像你这样，这个世界该是多么美好啊！"

　　我们去寻求快乐，许多快乐像天上的彩虹，光华夺目，但这只是一种幻觉，我们捉不到它。

　　故意去找寻快乐，往往找不到，反而带来空虚和烦恼。但有时在有意无意之间，愉快的事情却如不速之客，突然到来，令人捉摸不定。

　　可见快乐不能直接去找寻，却能从间接中得来。一件比我们自身更伟大的事业，足以使我们忘却自己，不会去追求自己的利益和好处。

　　但如果别人因你的工作而有裨益、进步和成就，莫名其妙的快乐，就会从无意中得来。

　　刻意寻求，用金钱去购买快乐，以求身心一时痛快，这种刺激不是真正的快乐。

　　做一件好事，完成一件有意义的工作之后的满足感，却会使人自然乐在其中。

善心无限

> 德行善举是唯一不败的投资。
>
> —— [美国] 亨利·梭罗

从前有个国王，十分钟爱他的儿子。这位年轻王子，没有任何欲望不能满足。然而他仍然常常紧锁眉头，很不快乐。

有一天，一位魔术师走进王宫，对国王说，他能使王子快乐。国王高兴地对魔术师说："假使你真能让王子快乐起来，那么，你要求的任何赏赐我都答应。"

魔术师将王子带进一间密室中，用白色的东西在一张纸上涂了涂。他把这张纸交给王子，嘱他燃起蜡烛，注视着纸上呈现些什么。说完魔术师就走了。

年轻的王子在烛光的映照下，看见那些白色的字迹化做美丽的绿色，变成这样的几个字："每天为别人做一件善事。"王子遵命而行，不久，他果然变成了一个快乐的少年。

122

　　一颗善良的心，一种爱人的性情，一种坦直、诚恳、忠厚、宽恕的精神，可说是宗无价财产，百万富翁的区区财产，与这种丰富的财产相比较，简直是不足挂齿。拥有这种财产的人，即使没有一文钱可以施舍给别人，但是他能比那些大富翁行更多的善事。

　　假使一个人能够大彻大悟，努力地为他人服务，他的生命一定闪烁着光彩，充满着喜悦与快乐。

　　我们尽应慷慨地给予他人以同情、鼓励、扶助，因为那些东西，在我们自身，是不会因"给予"而有所减少的。相反，我们给人越多，我们自己所有的也越多。我们给人善意、同情、扶助越多，我们收回的善意、同情、扶助也就越多。

　　有些人因为贪得无厌，因为自私自利，对他人冷漠，甚至心怀恶意，根本没有友爱互助的精神，这种态度是应该改变的。

　　世界各地的人们都为那些无私的、肯爱人、助人的人建立纪念碑。这种纪念碑不一定是用大理石或铜制成，它建立在他人的心中。

　　如果心怀善意并且行善，那么人人都可以得到胜利。宁可在职业上失败，在财产上贫困，我们也不要丧失对他人的友爱、同情及助人之心。

施　与

"今天，我一定要断然拒绝他们的要求。"

出门之前，老妇人就这么想。

这一天，下着很大的雨，她在这样的天气却不顾一切地跑出来，目的是想赶快为这一件事画个休止符。

老妇人平时以慈善家闻名。到目前为止，她不时捐东西给遭到天灾地变的人，或买了很多衣料，送给本市的贫民。可是，这一次的事，性质大不相同，使她无法像平时那样，爽口答应。

虽然目的是为了贫苦无依的孤儿们着想，但要她捐出祖传的土地来建造孤儿院，她着实无法同意。她对世世代代传来的那一片土地，有无限的感情，何况，她年纪已老，此后的生活，主要的收入来源，就靠那块土地。这是跟她此后的生活，有直接关系的事。说得严重一点，她若失去这一块土地，她的生活马上就要受到影响。

"即使对方如何恳求，也不能起一丁点同情心，否则……"

想着，想着，老妇人的脚步就越来越快了。

雨势越来越大，风也吹得更起劲了。不多久，她到了目的地——一个慈善机构古色苍然的房子。她推开大门，走进去。由于是个大雨天，走廊上到处湿湿的。她在门口寻找拖鞋来穿。

"请进！"

这时候，随着明朗的声音，一位机构里面的女办事员，出现在她眼前。

那位女办事员，看到没有拖鞋了，居然毫不考虑地脱下她自己的拖鞋给老妇人穿。

"真抱歉，所有的拖鞋都给别人穿了。"那位小姐还向她恳切地赔不是呢。

老妇人看到那位小姐的袜子，踏在地板上，一刹那之间，给染湿了。

老妇人为她这个行为，感动莫名。就在那一瞬间，她才感悟了"施与"的真正的意义。

她想："平时，我被大家称为慈善家，可是，我做的慈善行为，到底是些什么？我捐出来的，全是自己不再使用的旧东西，再不就是挪用多余的零用钱罢了。那与其说是'施与'，不如说是'施惠'更妥切。所谓的'施与'，应该是拿出对自己来说是最重要的东西，那才有莫大的价值呀！"

老妇人的内心突然起了360度的大改变——她决心捐出那块祖传的土地，给这个慈善机构，为可怜的孩子们建立设备完善的孤儿院了。

老妇人对那位女办事员说：

"好温暖的拖鞋。"

女办事员红了脸，不好意思地说："对不起，我一直穿着，所以……"

老妇人连忙打断她的话："不，不，我没有怪你的意思，我是说，你的心，令人感到温暖。"

老妇人向她投以亲切的微笑，然后，朝着干部办公室，急步走去……

这是发生在法国的故事。

　　灰烬告诉我们，黑夜里还有别人，有人弯下腰点了一堆火，也有人在接着这样做。有的时候我们只需要知道这些就够了！

　　心里装着别人的人，才能从别人那里，使自己得到充实和提升。

公园的午后

有一次，一个小男孩想去见见上帝，他知道要到达上帝居住的地方要走很远的路程，所以他在手提箱中装满了巧克力和六瓶淡酒，踏上了旅程。

当他走过了三个街区，他看到一位老太太，她正坐在公园里全神贯注地盯着鸽子。小男孩挨着她坐下来，打开手提箱，拿出淡酒正要喝，这时他注意到老太太看上去很饿，所以他给了她一块巧克力。她感激地接受了，微笑地望着他，她的笑是那么完美，男孩想再看一次，因此他又给她一瓶淡酒，他再一次看到了她的微笑，男孩高兴极了。

他们整个下午都坐在那里，边吃边笑，但是他们从未有一句对话。

这时天黑下来，男孩感到十分疲劳，他站起身来离开。但是没走几步，他返回来，跑回到老太太身边，紧紧拥抱了她一下，她给了他最美的一个微笑。

她问他："今天干什么了，你这么高兴？"

他答道："我与上帝共进午餐了。"但在他母亲能做出反应之前,他补充道："你知道吗?她给了我所见到过的最美好的微笑!"

与此同时,老太太也容光焕发地回到她的家。

她的儿子为她脸上安详平和的表情所惊异。他问道："妈妈,你今天干什么了,这么高兴?"

她答道："我在公园里与上帝共同吃了巧克力。"在她儿子能做出反应之前,她补充道："你知道吗?他比我想象中的要年轻得多。"

智慧 寄语

爱并不需要特别针对任何人,只要成为充满着爱的人即可——那必须成为你的品质。它和关系无关。爱必须成为你的芬芳。对于花来说,不管是不是有人知道它,它都无所谓。即使在最遥远的喜马拉雅山上,虽说没有任何人在那走动,却仍然有千万朵的花绽放并将它们的芬芳散布出去。在喜马拉雅山上,有一种非常奇怪的花开满整个山谷,人们只能从山顶上看到这个山谷,没有人有办法走到那里去,因为走下山谷非常的危险。人们知道那些花,但没有人曾经闻到过它们的香味,而且它们有非常迷幻的色彩,它们与人相隔遥远,但那些花根本不在意,它们还是非常的开心。

爱必须成为你的品质。充满着爱,有一天这个状态将会发生,那时你就只是爱,甚至不是充满着爱而是爱本身。

尽己之力改变世界

> 对所有其他的生物，大自然各依其类，给予了适当的衣着：贝壳、硬甲、刺、粗毛、鬃毛、细毛、羽毛、鹅绒、鳞片和羊毛，树木和植物的枝干各有硬皮包覆，以防冷热的侵袭。唯独人，可怜的生物，却在光裸的大地上赤条条地来去。
>
> —— ［英国］普来尼

你是否觉得自己在人生中似乎没有受到保护——面对无情的言语攻击、心绪情感激烈的起伏波动、在生活压力中辛苦地挣扎，还要受他人不可捉摸的心情和态度的严重影响。

曾有人说过这样一则故事：一名老人在黎明时沿着海滨向前行，他的关节僵硬而疼痛，因为最近刚刚丧失爱妻而心情低落，对未来不抱任何希望。

老人在海滩上漫无目的地走着，忽然他注意到前面有个小男孩正在弯下身子捡拾海星，并一一把它们掷回海中。于是他赶上这个男孩，问他为什么这样做。男孩说，如果海星陷在沙滩上，等太阳升起，就会干死。

"但是海岸这么长，有成千上万只海星，你这样做对它们有什么差别呢？"老人问道。

孩子看着他手中拿着的海星，接着把它安全地放回水里："对这只就有差别。"

这段对话启发了老人，他弯身加入小男孩的行列，心中明白，要度过哀伤、痛苦和无望唯一的方法，就是要启发别人的喜悦、安慰和希望。

看看天空，如果我问你："天空完美吗？"而你回答："不管它是否完美，我们只有这个天空。"过了一小时，天空起了变化。我再问："天空仍然完美吗？"你回答："我们别无选择，对不对？"这即是认清了事实。

生命有福也有祸，我们只能照单全收。告诉命运："不管你给我什么，我都接受。我会尽力用最佳的方式去面对！"

赐我沉静，去接受我无法改变的事；

赐我勇气，去改变我能改变的；

赐我智慧，去判断两者的区别。

接受如何，才能迎接任何。

孩子的眼睛

> 如果视时间为极限，那它就是障碍；如果视时间为河，我们就是泛舟河上的乘客。
>
> —— ［加拿大］诺亚·宾谢

放学后，孩子们来了，他们蜷曲着身子，倒在面粉袋上。一股暖意在孩子们的脸庞和杰克布的童心间荡漾。

在这股暖意中，杰克布想到："想象常常是一种距离，我需要这种距离，才能看见我眼前的事物。"

一个男孩鼓起勇气问杰克布："你为什么说，一个孩子能看到的，你却只能体会到？"

杰克布过了一会儿才回答，他的沉默，使那男孩子仰起脸来望着他。

杰克布说话了，可是那声音听起来，像是很久很久以前所发出的："想象有这么一个男孩，坐在山上，用他天真无邪的眼光，看着美好的世界。慢慢的，这孩子开始学到了一些东西。他把他所学到的，像石头一样收集起来，然后一块一块地叠了起来。经过一段时间，他学到的东西，累积成了一面墙，一面矗立在他面前的墙。这个时候再抬头看，他只可以看见自己学到的知识，却看不见别的东西了。这使得这个已经从一个孩子长

大成人的人，感到既骄傲又悲哀。面对这种处境，这个人决定拆掉这面墙。可是拆掉这面墙也需要时间，等他把墙拆掉时，已经变成了一个老人。这个老人坐在山上，用他历经沧桑的眼光，看着美好的世界。

他理解了在他身上发生过的事，也理解了他所看到的一切。可是他已经不能，也永远不可能再用他儿时的眼光，来看这个世界了。"

"是的，可是……"一个小女孩忍不住打断杰克布说："那个老人可以记住他过去看到过的东西啊！"

杰克布转过脸，朝着这个小女孩说："你说得对。成熟了的经历，会变成记忆，可是记忆是最浅最淡的现实。"

"杰克布，你害怕变老吗?"另一个女孩一边咯咯笑着，一边问道。

杰克布说："凡是在成长的，永远不会变老。"

智慧
旁语

生命在流动，它是一条河流，它是一个经常流动的河流。

人们认为他们自己是静止的。只有东西是静止的，只有死亡是不变的，生命经常都在改变。生命越多，改变就越多，当你有非常丰富的生命，那么每一个片刻都会有很大的改变。

你可以不要头脑而生活，但是你不能够没有心而生活。

你生活得越深入，你的心就越深入。

小河流的旅程

有一条小河流从遥远的高山上流下来，经过了很多个村庄与森林，最后来到了一个沙漠。它想："我已经越过了重重的障碍，这次应该也可以越过这个沙漠吧！"

当它决定越过这个沙漠的时候，它发现它的河水渐渐消失在泥沙当中，它试了一次又一次，总是徒劳无功，于是它灰心了，"也许这就是我的命运了，我永远也到不了传说中那个浩瀚的大海。"它颓丧地自言自语。

这时候，四周响起了一阵低沉的声音，"如果微风可以跨越沙漠，那么河流也可以。"原来这是沙漠发出的声音。

小河流很不服气地回答说："那是因为微风可以飞过沙漠，可是我却不行。"

"因为你坚持你原来的样子，所以你永远无法跨越这个沙漠。你必须让微风带着你飞过这个沙漠，到你的目的地。只要你愿意放弃你现在的样子，让自己蒸发到微风中。"沙漠用它低沉的声音这么说。

小河流从来不知道有这样的事情，"放弃我现在的样子，然后消失在

微风中?"

"不!不!"小河流无法接受这样的概念,毕竟它从未有过这样的经验,叫它放弃自己现在的样子,那么不等于是自我毁灭了吗?

"我怎么知道你所讲的全部都是真的?"小河流这么问。

"微风可以把水汽包含在它之中,然后飘过沙漠,到了适当的地点,它就把这些水汽释放出来,于是就变成了雨水。然后这些雨水又会形成河流,继续向前进。"沙漠很有耐心地回答。

"那我还是原来的河流吗?"小河流问。

"可以说是,也可以说不是。"沙漠回答,"不管你是一条河流或是看不见的水蒸气,你内在的本质从来没有改变。你会坚持你是一条河流,因为你从来不知道自己内在的本质。"

此时小河流的心中,隐隐约约地想起了自己在变成河流之前,似乎也是由微风带着自己,飞到内陆某座高山的半山腰,然后变成雨水落下,才变成今日的河流的。

于是小河流终于鼓起勇气,投入微风张开的双臂,消失在微风之中,让微风带着它,奔向它生命中(某个阶段)的归宿。

我们的生命历程往往也像小河流一样,想要跨越生命中的障碍,达成某种程度的突破,往真善美的目标迈进,也需要有放下自我(执著)的智慧与勇气,才能迈向未知的领域。

仿佛是一种消失,如同露珠消失进入海洋,虽失去自我,全然的臣服,却将自己交托在存在的手中,是与整体的交汇,是将你的界限和你的认同丢掉,是将你自己的拘束放掉。在你将你自己的拘束放掉的那一刹

那，你顿时会变得如大海般的浩瀚广大。

　　我们紧抓着自己的认同不放。我们保护它，为它而战，有时甚至准备为它而死。这是纯粹的愚蠢，因为自我是存在中最虚假的东西。它只是热气，没有真实的存在，如同黑暗一样。

成人之美

> 真正的美德如河流，越深越无声。
>
> ——［英国］哈利法克斯

第一次登陆月球的太空人，其实共有两位，除了大家所熟知的阿姆斯特朗外，还有一位是奥德伦。当时阿姆斯特朗所说的一句话"我个人的一小步，是全人类的一大步"早已是全世界家喻户晓的名言。

在庆祝登陆月球成功的记者会中，有一个记者突然问奥德伦一个很特别的问题："由阿姆斯特朗下去，成为登陆月球的第一个人，你会不会觉得有点遗憾？"

在全场有些尴尬的气氛下，奥德伦很有风度地回答："各位，千万别忘了，回到地球时，我可是最先出太空舱的。"他环顾四周笑着说，"所以我是由别的星球来到地球的第一个人。"

大家在笑声中，给予了他最热烈的掌声。

智慧
寄语

　　成功不必在我，团队的成功就是我的成功。你会不会欣赏他人的成就
呢？你愿意不愿意从心里给别人热烈的掌声？"成人之美"不但是一种修
养，更是一项美德。

大未必就好

> 幸福不在于对抗，而在于协调。
>
> ——［法国］纪　德

　　从前有个小男孩，一心以为最大就是最好，因此一切都想要最大的。

　　有一天他应邀到朋友家吃晚餐，当他取食最大的一块肉时，却发现肉又硬又老；他取了最大的烤洋芋，发现它中间没熟；他拿了最大的一块巧克力蛋糕，却觉得味道苦涩不新鲜。这个经历的教训就是：最大的未必就是最好的。

　　但这个小男孩年纪太小，不明白也不肯接受这样的真理。圣诞时他总期待最大盒的礼物，却发现盒里总不是他觉得最棒的东西。他上了大学，选修他觉得日后最能赚钱的学科，但毕业后却发现他的薪水并非最高。他买了最大的房子，但发现冬天时房子不暖，夏天时房子不凉。

　　有一天，他清早躺在最大的毯子里，突然注意到阳台栏杆上有一只小小的鸟，羽毛松散开来以蔽寒。这人离开温暖的被窝，小心地打开通往阳台的门，赤着脚步入被雪覆盖的阳台，把小鸟诱到他手中。接着他回到室内，关上房门，轻轻地摇着小鸟，呵气为它取暖。就在这一天，这人终于达到了伟大的目标，因为他做了最大的改变。

智慧
旁语

　　活在局限之中就是活在忧郁愁闷之中，活在一种没有尊严的状态之中。那是对人最大的羞辱，因为我们的存在需要整片天空，唯有如此人们才能够跳舞，才能够歌唱。否则每一件事情都会为之瘫痪，没有足以乘风翱翔的空间，没有足以移动的空间。

　　而人常常活在局限之中：身体的局限、思维的局限、情绪的局限、心情的局限。这些全都是一层又一层的局限。所有这些局限都必须被超越。

　　人绝不应该满足于任何的极限。每当你来到一个极限上的时候，试着去走出这个极限。当所有的极限都被超越时，当你已经达成无限的时候，那表示你已经存在过了，你已经到家了。

随时、随性、随遇、随缘、随喜

太过执著，犹如握得僵紧顽固的拳头，失去了松懈的自在和超脱。

——佚 名

三伏天，禅院的草地枯黄了一大片。

"快撒点草籽吧！好难看哪！"小和尚说。

"等天凉了。"师父挥挥手，"随时！"

中秋，师父买了一包草籽，叫小和尚去播种。

秋风起，草籽边撒、边飘。

"不好了！好多种子都被吹飞了。"小和尚喊。

"没关系，吹走的多半是空的，撒下去也发不了芽。"师父说，"随性！"

撒完种子，跟着就飞来几只小鸟啄食。

"要命了！种子都被鸟吃了！"小和尚急得跳脚。

"没关系！种子多，吃不完！"师父说，"随遇！"

半夜一阵骤雨，小和尚早晨冲进禅房："师父！这下真完了！好多草籽被雨冲走了！"

"冲到哪儿，就在哪儿发！"师父说，"随缘！"

一个星期过去。

原本光秃的地面，居然长出许多青翠的草苗。

一些原来没播种的角落，也泛出了绿意。

小和尚高兴得直拍手。

师父点头："随喜！"

智慧旁语

随不是跟随，是顺其自然，不怨恨、不躁进、不过度、不强求。

随不是随便，是把握机缘，不悲观、不刻板、不慌乱、不忘形。

成功的最后一课

> 真实的生命只存在于现在。如果有人告诉你生命就是为未来而准备，不要相信他。我们活在今生，只知道今生，所有的努力也都应该指向并改善现世人生。不是你泛泛的生命，而是今生的每一刻都应该以你所知的最佳方式而活。
>
> ——［法国］托克维尔

　　王老师在一所工业技术学院改制成的大学兼课，教大一英文，近两三年来固定选用一种叫《成功》的原文教科书。今年，破天荒的给高年级教课，王老师决定拿成功系列里最难的一本来当教材。备课时，课本里的最后一课吸引了王老师，因为它的标题叫做《世界的最后一晚》。文章作者名叫瑞·布艾德贝礼，像这种文章当然是科幻短篇，特别的是，它写得幻而不科，没有高科技，也不写外星人或陨石，笔调文艺得让学理工的大学生觉得不够炫，不够刺激。

　　尤其文章的配图居然是一幅手绘的居家景象：四口之家晚上共聚一堂，妈妈在喝咖啡，爸爸在倒咖啡，两个女儿在客厅地毯上排积木。数十位二十几岁的学生向王老师抗议：这幅插图有没有摆错？世界的最后一夜怎么会这样？

作为一个有家有孩子的中年人，王老师却被文章深深感动。它假想的情景是：地球上所有的成年人都同时做了一个梦，梦里大家都清楚地知道，不久后的某一晚，就是地球的最后一夜了。故事的主题，就是这一家人如何度过最后一晚。两夫妇还是把碗筷洗得干干净净，还是把孩子送上床道晚安，在此当中，两人不停地对话，好像要把握机会把话说完。两人上床时，特别感觉到：能够睡在干净清爽的床单上，其实就是一种幸福！妻子忽然想到厨房水龙头没拧紧，连忙奔下床关水，再回到床上时，两人相对失笑：地球都要毁灭了，居然还忙着关水龙头。两人最后的对话是互道：晚安！

于是，王老师对学生说，这段话点出人生的真正价值所在，享受四季的转换就要和大自然和谐相处；爱喝暑天的一杯冰水代表的是健康的身体和简单的欲求；能沉沉睡去表示心中坦荡无虑；至于留恋妻女，可不就是对亲人的爱吗？有些学生问他，世界都快灭亡了，文章里的主角怎不去做些特别的，值得大书特书的事情？为何所谈都是枯燥例行的琐事？

望着讲台下一双双年轻的眼睛，想着他们毕业后都是要进电脑热门的行业，等着领高薪，分股票的，整个世界还等着他们去认识、追求、购买……忽然之间，王老师明白《成功》的编者为什么要把这样一篇字句并不特别艰深，句子一点也不难懂的文章，作为一套四册教材里的压卷之作了。原来，世界的最后一晚，我们最依依难舍的，就等于是我们所认定的人生的最终价值。所谓成功的最后一课，就在于弄清楚人生的最终追求。编书的人其实是对着即将学成，即将走进社会去追逐名利的年轻人预言：

人生最快乐的，或许莫如家人围绕，在绿叶转红的时刻喝杯好茶，且在每一天终了时，感激生活赐予的清爽床单，又可以睡个好觉了。

峡谷是精神唯一的家……峡谷是岩石之间的裂缝，让你因见到鬼斧神工而瑟缩；是山峦空穴之间的罅隙，任风穿透；冰封的狭隘峡湾切开了神秘的悬崖。攀上峡谷——但愿你能找着它们，因为它们也会变迁消失。悄悄地攀近峡谷。

其实有时候，你根本什么也不必做，就能够"找到"你的性灵归属，它原本就存在于你的心中。偶尔它会溜走，落在你日常生活中的缝隙和峡谷之中。

终 点

美好的人生是一种过程，不是状态；是目标，不是目的。

——［美国］卡尔·罗杰斯

在王羲之的七个儿子中，除王献之在书法史上与其父分庭抗礼、并驾齐驱之外，最出名的就是王徽之了。他的任情率性，给后人留下许多广为传诵的故事。

有年冬天，王徽之住在山阴故居。夜晚大雪，他一觉醒来，打开房门，见四周一片皎洁，不禁徘徊低吟左思的《招隐》诗。忽然他想到了戴安道。当时戴安道在剡县，于是他立即乘一叶扁舟，连夜前往拜访。及至来到戴家门前时，天已微明，但他却不进去，反而转过身来又从原路返回。当有人问他何以如此时，他说："我本来就是乘兴而行，现在兴尽而返，何必非要见戴安道呢？"

我们的下意识中常常藏有这样一个田园般的梦幻，我们乘坐火车做横跨大陆的长途旅行，陶醉于窗外高速公路上如水的车流，孩子们在路口招手致意，奶牛在远远的山脚下吃草，发电厂冒出的浓烟，成排成行的玉米和小麦，平畴深谷，山峦起伏，城市的轮廓，乡村的庄园，一切都让我们如此沉迷，如此心醉。

可是我们的内心深处，想的还是终点。某天某时，火车进站，鼓乐齐鸣，彩旗飘扬。一旦到达终点，心中千种梦想都会成真，人生的残缺都会重圆——就像拼板玩具的最后完成。我们在车厢过道中踱步、徘徊、焦灼不安，诅咒时光的流逝如此之慢，只是在等待、等待终点的到达。

"到了终点，那就妥了。"我们嚷道。"我到 18 岁的时候"，"我买到一辆新的奔驰车的时候"，"我供一个孩子念完大学的时候"，"我还清欠债的时候"，"我升官晋级的时候"，甚至于"我到了退休年龄之后会安度晚年的时候"。

然而迟早我们必须认识到，世间没有什么可以一劳永逸地达到终点和归宿。生活的真正乐趣在于过程。终点只是梦幻，它常常是可望而不可即的。

"逝水年华细斟酌"，多好的箴言！是抱恨前朝，恐惧来日，而不是今朝的重负使我们忧虑不安。悔恨和恐惧是劫夺我们美好今朝的孪生窃贼。

所以，不要在过道里徘徊踱躅，不要时时计算里程度日如年。去爬山吧！去吃冰淇淋，去赤足奔走，畅游江河，去欣赏晚霞夕阳。多一些大笑，少一些哭泣。生命如逆旅，我亦是行人——这时终点就会倏然而至。

智慧
隽语

快乐并不在于你完成了某件事，快乐在于你欲求它，你用你全部的强度在欲求它，所以当你在做它的时候，你就忘掉了其他的事，你就忘掉了整个世界，它变成你整个人的焦点。

这样做就会有你的喜乐和你的报酬——那个喜乐和报酬不在于完成，

也不在于什么东西要永恒。在这个存在改变的流动里，我们必须在每一个片刻都找到它自己的报酬，不论我们在做什么，我们都必须全力以赴，而不是只用一半的心，我们必须毫无保留，将整个人的存在都投入那个行为。

那就是我们的喜乐所在。

连接生命的源头

> 有些人终生向幻影追逐，所得也只是幻影式的满足。
>
> ——［英国］莎士比亚

有一个住在偏僻又落后地区的人，受邀到大都市参观旅游。

这是他有生以来，第一次享受到文明世界的许多新鲜玩意儿。

在回去之前，有人问他想要什么作为纪念品。他的回答是要两个水龙头即可。

他认为在炎热的沙漠中，如果有两个像旅馆里一样的水龙头，只要手一转，水就源源而来，那该是多么棒的事。

若没有和源头相接，生命只是一个虚空的梦。外表的假象不等于内在真正的拥有，你是否已接上了生命的源头？我们是不是需要花点时间好好思考生命的真义？毕竟这对我们的生活有很大的关系。

笑 佛

在日本，有一个伟大的神秘家，名叫布袋和尚，被人称为笑佛，他是日本最受人爱戴的神秘家之一，他从不说一句话。当他成道的时候，他就开始笑，而当有人问他"你为什么笑？"时，他会笑得更厉害，他从一个村落笑到另一个村落。

一群人聚集在一起看他笑，渐渐地，他的笑变得非常有传染性——人群中的一些人开始笑了，接着另外一些人也开始笑了，接着整个人群都在笑，笑是因为……他们为什么笑？每个人都知道："这是荒谬的，这个人真奇怪，但是我们为什么笑呢？"

但是每个人都在笑，每个人都有点担心："人们将会怎样想？那是没有理由笑的。"然而人们会等待布袋和尚，因为在他们的整个生命中从未笑得那样尽兴，笑得那样强烈，当他们笑过以后，他们发现他们的所有感觉都变得更加清晰，他们眼睛看得更清，他们的整个存在好像如释重负，变得轻松了。

人们会要求布袋和尚："再回来"。而布袋和尚要走，他笑着到另外一个村落，他的整个一生，成道后几乎45年的生涯中，他只做了一件事，那就是笑，笑就是他的信息，他的信条，他的经典。

值得注意的是，在日本没有谁像布袋和尚那样被人在记忆中如此地尊敬，你将会在每一间屋子里看到布袋和尚的塑像。他除了笑不曾做过任何事，但是就是这个发自内心的如此深刻的笑，驻留在每个听见笑声的人的心中，扣动了他们的本性，创造出了一种共鸣。

布袋和尚是独一无二的，在整个世界上，没有另外一个人能使那么多的人发出没有任何理由的笑，然而，每个人都被笑所滋养，每个人都被笑所净化，感受到他从未感受过的幸福。

某种来自不可知的深处的东西，开始在人们的心中鸣响出音乐。

这个布袋和尚是非常有意义的，在这个尘世中很少有人像布袋和尚那样走过，这是不幸的，更多的人应该像布袋和尚那样，更多的寺庙应该充满欢笑、舞蹈、歌唱。如果严肃消失，那么没有什么会丢失——事实上，人会变得更加健康和完整；但是如果笑消失了，那么一切都将消失了，突然地你就丧失了你存在的欢乐，你就变得没有色彩，变得格外单调。

智慧
旁语

笑不笑得出来是一种明证，越饱经沧桑的人，越懂得自嘲，因为人生已软化他们的心。

可曾想过幽默就是对尊严的肯定？当我们失态惹得众人失笑时，还会认为那是对尊严的肯定吗？不这样想的人未免过于严肃了。

某人善意地拿我们领带上沾的蛋糕开玩笑时，我们能视之为肯定我们

的尊严吗？不能的人已濒于极度严肃的边缘。

　　气氛有点僵时，有人讲了个笑话，我们能否视之为肯定人性尊严？不能的人或许是一群人中最乏味者。

　　幽默是多重空间短暂地挤压入线性时空的一种表示。